Inhalt

1 Aufgaben verstehen und bewältigen

In diesem Kapitel lernst du:

- **wie du Aufgaben, bei denen du etwas begründen musst, in zwei Schritten sicher lösen kannst,**
- **wie du Aufgaben, bei denen du etwas vergleichen musst, in vier Schritten sicher lösen kannst.**

Aufgabentyp: Begründen

In Aufgabenstellungen wird oft verlangt, dass du einen Sachverhalt begründen kannst. Manchmal musst du nur einen Grund, manchmal auch mehrere Gründe angeben. Solche Aufgaben lassen sich einfach lösen, wenn du in folgenden Schritten vorgehst.

Schritt 1: Aus der Aufgabenstellung eine „Warum-Frage" formulieren

1 Lies folgende Aufgabenstellung und formuliere eine passende „Warum-Frage".

Erkläre, warum eineiige Zwillinge immer das gleiche Geschlecht haben.

Warum haben ...? ______________________________

____

Schritt 2: Einen Antwortsatz formulieren, die Begründung mit „weil" einleiten

2 Lies den Text aus einem Biologiebuch auf Seite 5 und kreuze die richtige Begründung an.

- ☐ ..., weil zweieiige Zwillinge sich aus zwei verschiedenen Eiern entwickelt haben.
- ☐ ..., weil die befruchtete Eizelle sich in zwei gleiche Hälften geteilt hat.
- ☐ ..., weil sich zwei Embryonen gebildet haben.

3 Lies den Text und unterstreiche den Satz, aus dem du eine Antwort mit „weil“ formulieren kannst.

Warum ähneln sich Zwillinge?

Es kann vorkommen, dass sich die befruchtete Eizelle in zwei gleiche Hälften teilt. Jede Hälfte wächst selbstständig weiter und entwickelt sich zu einem vollständigen Embryo. [...]
Man spricht hier von eineiigen Zwillingen. [...]
Gelegentlich reift in beiden Eierstöcken je eine Eizelle heran. Wenn diese beiden Eizellen befruchtet werden, dann entwickeln sich in der Gebärmutter zwei Embryonen, die zur gleichen Zeit geboren werden. Solche Zwillinge nennt man zweieiige Zwillinge, weil sie sich aus zwei verschiedenen Eiern entwickelt haben.

..., weil ...

4 Formuliere den vollständigen Antwortsatz.

Eineiige Zwillinge haben immer ______________________________

____

5 Ergänze deinen Antwortsatz um weitere Informationen. Du kannst folgende Sätze verwenden.

Jede Hälfte wächst selbstständig weiter.	Jede Hälfte entwickelt sich zu einem vollständigen Embryo.

im Gegensatz dazu – im Unterschied dazu

Bei zweieiigen Zwillingen hat sich die Eizelle nicht geteilt, sondern es sind direkt zwei selbstständige Eizellen herangewachsen.

Eineiige Zwillinge haben immer ______________________________

____

____

____

____

TIPP

Es ist nicht immer nötig, den Antwortsatz um weitere Informationen zu ergänzen.

b Bearbeite folgende Aufgabe aus einem Physikbuch.

Erkläre, warum man Türen mit Magnetverschluss nie zu kräftig zuschlagen sollte.

Magnetkiller

In jedem eisenhaltigen Stoff bilden Gruppen von Atomen so genannte Elementarmagnete. Nur wenn sie einheitlich geordnet sind, ist Magnetismus wirksam.
Dauermagneten stellt man in der Regel aus Stahl her, da hier die einheitliche Ausrichtung der Elementarmagnete im Gegensatz zu Weicheisen erhalten bleibt. Magnetismus kann aber auch durch starke Erschütterungen wieder verloren gehen.
Kräftige Hammerschläge auf ein magnetisiertes Laubsägeblatt lassen die Elementarmagnete ganz schön „durcheinander purzeln". Magnetische Eigenschaften sind hinterher kaum mehr nachzuweisen.

Schritt 1: Aus der Aufgabenstellung eine „Warum-Frage" formulieren

____

____

Schritt 2: Einen Antwortsatz formulieren, die Begründung mit „weil" einleiten

- Lies den Text und unterstreiche die Stelle, aus der du einen Antwortsatz mit „weil" formulieren kannst.
- Formuliere die Antwort. Leite die Begründung mit „weil" ein.

Man sollte ______________________________________

____

- Ergänze deinen Antwortsatz um zusätzliche Informationen.

Magnetismus ist nämlich nur dann wirksam, wenn ______________

____

____

____

____

Manchmal wird auch erwartet, dass du mehrere Begründungen findest und formulierst.

7 Bearbeite folgende Aufgabe aus einem Geschichtsbuch.

Nenne vier Gründe, warum so viele Europäer ihre Heimat verließen.

Die Siedler kommen

Durch Kolumbus hatten die Europäer von der Existenz Amerikas erfahren. Für die europäischen Herrscher war diese „Neue Welt" zunächst ein fast unerschöpfliches Reservoir an Goldvorräten, aus dem sie sich nach Belieben bedienten, ohne auf die Rechte der Ureinwohner Rücksicht zu nehmen.
Den Entdeckern und Eroberern folgten die Kaufleute und Siedler. 1584 landete der englische Seefahrer Sir Walter Raleigh an der amerikanischen Ostküste und gründete dort einen ersten Handelsstützpunkt, Virginia. Ihm folgten andere, vor allem Engländer, aber auch Franzosen, die ebenfalls Handelsniederlassungen gründeten.
Die meisten Menschen hatten ihre Heimat verlassen, um in Amerika ein neues Leben zu beginnen. Viele flohen vor der Armut in ihrem Land; manche flohen auch vor der Bestrafung für Verbrechen, die sie begangen hatten; andere flohen vor der Verfolgung aus politischen oder religiösen Gründen.

Die Siedler erwartete ein hartes Leben: Sie trafen auf ein unbekanntes Klima, auf Sümpfe und giftige Pflanzen. Ständiger Mangel an Lebensmitteln und Krankheiten bestimmten das alltägliche Leben der Menschen – viele gingen an den Strapazen dieses Lebens zugrunde.

■ Formuliere die „Warum-Frage" und vier Begründungen.

„Warum-Frage": ______________________________

Antworten: *Es verließen so viele Europäer ihre Heimat,*

weil ______________________________

____

____

____

____

Aufgabentyp: Vergleichen

Häufig enthalten Aufgabenstellungen die Aufforderung Sachverhalte zu vergleichen. Du musst dann Gemeinsamkeiten und Unterschiede herausarbeiten. Dazu sammelst du die wichtigsten Informationen in einer Tabelle und stellst sie gegenüber. Dabei gehst du am besten in vier Schritten vor.

Schritt 1: **Unterstreiche in der Aufgabenstellung, was genau du vergleichen sollst. Hier sind es zwei Begriffe.**

Schritt 2: **Lies den Text und unterstreiche alle Informationen zu den beiden Begriffen.**

Schritt 3: **Zeichne eine Tabelle, in der du für jeden Begriff eine Spalte anlegst. Hier sind es zwei Spalten. Trage oben in die Spalten (Kopf) die Begriffe ein, die du vergleichen sollst.**

Schritt 4: **Schreibe die Informationen aus dem Text in die passenden Spalten.**

Bearbeite folgende Aufgabe in den vier Schritten.

Erläutere, worin sich die Entwicklung eineiiger und zweieiiger Zwillinge unterscheidet.

Warum ähneln sich Zwillinge?

Es kann vorkommen, dass sich die befruchtete Eizelle in zwei gleiche Hälften teilt. Jede Hälfte wächst selbstständig weiter und entwickelt sich zu einem vollständigen Embryo. [...]
Man spricht hier von eineiigen Zwillingen. [...]
Gelegentlich reift in beiden Eierstöcken je eine Eizelle heran. Wenn diese beiden Eizellen befruchtet werden, dann entwickeln sich in der Gebärmutter zwei Embryonen, die zur gleichen Zeit geboren werden. Solche Zwillinge nennt man zweieiige Zwillinge, weil sie sich aus zwei verschiedenen Eiern entwickelt haben.

eineiige Zwillinge	

9 Bearbeite folgende Aufgabe aus einem Geographiebuch. Gehe in vier Schritten vor.

Unterscheide die verschiedenen Formen des Niederschlags.

Wie **Regen** entsteht, könnt ihr an dem Bild ablesen. Am wichtigsten ist die Unterscheidung von Wasserdampf und Wolken.
Bei dem Wort „Wasserdampf" denken die meisten Menschen an den Dampf, den man aus dem Kochtopf aufsteigen sieht. Falsch, das ist gar kein Dampf!
Wasserdampf ist unsichtbar; es ist Wasser im gasförmigen Zustand. Wasserdampf ist überall in der Luft vorhanden, aber nicht in beliebiger Menge.

Andere Arten des Niederschlags:
Schnee: Er entsteht, wenn sich die Luft in großer Höhe schnell unter 0°C abkühlt. Der Wasserdampf verwandelt sich dann direkt in Schneekristalle.
Hagel: Hagelkörner bilden sich in einer Gewitterwolke. Sie werden in der Wolke immer wieder hinauf- und hinuntergewirbelt. Beim Absinken schlägt sich eine Schicht Wasser an ihnen nieder. Beim Aufsteigen kommt es zum Gefrieren. Schließlich sind die Körner so schwer, dass sie auf die Erde niederprasseln.

Schritt 1: **Unterstreiche in der Aufgabenstellung, was genau du vergleichen sollst.**

Schritt 2: **Lies den Text und unterstreiche alle Informationen zu den Begriffen. Es sind drei Niederschlagsformen. Beachte auch den Text im Schaubild.**

Schritt 3: **Zeichne in dein Heft eine Tabelle mit drei Spalten. Trage die unterschiedlichen Niederschlagsformen in den Kopf der Spalten ein.**

Schritt 4: **Schreibe die Informationen aus dem Text in die passenden Spalten.**

Regen		

Check

■ Überprüfe nun, ob du selbstständig Aufgaben lösen kannst, bei denen du begründen oder vergleichen sollst. Hier ist ein Beispiel aus einem Geographiebuch.

1. Erkläre die Ursachen für die Entstehung von Lawinen.

2. Es gibt unterschiedliche Arten von Lawinen. Vergleiche.

Lawinen

An manchen Berghängen in den Alpen gehen in jedem Winter Lawinen zu Tal. Die Bewohner kennen diese gefährdeten Talabschnitte. Dort wurden keine Häuser gebaut. Und die Menschen haben schon früh versucht, sich gegen die Lawinengefahr zu schützen.
Als sicherster Schutz gilt der „Bannwald". In ihm kann sich keine Lawine entwickeln und er hält Lawinen von höher gelegenen Hängen auf – meistens jedenfalls. Wenn aber durch die Luftverschmutzung der Bergwald geschädigt ist, bietet er nicht mehr genügend Schutz. Die Lawinengefahr wird größer. Vielfach wurde der Bergwald gerodet. Almen wurden erweitert, neue Skipisten angelegt. Nun muss man durch besondere Schutzbauten die Siedlungen und Verkehrswege gegen Lawinen schützen.

Staublawinen können entstehen, wenn in kurzer Zeit viel trockener Pulverschnee auf Altschnee fällt und dann auf der schrägen Fläche abgleitet. Große Geschwindigkeiten und ungeheurer Luftdruck bewirken die Zerstörung.
Wird eine feste Schneeoberfläche z. B. durch Skiläufer aufgebrochen, geht eine **Schneelawine** ab.
Grundlawinen entstehen bei Tauwetter, wenn der Schnee weich, nass und schwer wird und ins Tal hinabrutscht.

Aber: Eine Lawinenverbauung, die einen Hektar Bergwald ersetzen soll, kostet eine halbe Million Euro!

Aufgabentyp: Begründen

Schritt 1: ______________________________

Schritt 2: ______________________________

____

____

____

____

____

Aufgabentyp: Vergleichen

■ Überprüfe mit den zwei Checklisten, ob du beim Lösen der beiden Aufgaben richtig vorgegangen bist.

Checkliste Aufgabentyp Begründen

	+	−
Hast du zuerst eine „Warum-Frage“ formuliert?	☐	☐
Hast du dann im Text die beiden Sätze unterstrichen, aus denen du zwei Antwortsätze formulieren kannst?	☐	☐
Hast du die beiden Begründungen mit „weil“ eingeleitet?	☐	☐
Hast du beide Antwortsätze um weitere Informationen aus dem Text ergänzt?	☐	☐

Checkliste Aufgabentyp Vergleichen

	+	−
Hast du in der Aufgabenstellung als Erstes unterstrichen, was du vergleichen sollst?	☐	☐
Hast du dann den Text gelesen und die Informationen markiert?	☐	☐
Hast du die drei Begriffe in die Spalten eingetragen?	☐	☐
Hast du dann die passenden Informationen aus dem Text in den Spalten notiert?	☐	☐

2 Sich und andere informieren

In diesem Kapitel lernst du:

- **wie du im Internet Informationen für einen kurzen Vortrag finden kannst,**
- **wie du Informationen stichwortartig auf Karteikarten zusammenstellen kannst,**
- **wie du Karteikarten für einen kurzen Vortrag übersichtlich gestalten kannst.**

Sich für einen Vortrag informieren

Paulo bereitet einen kurzen Vortrag über Mobilfunk vor. Zunächst notiert er sich alle Fragen, die er zu diesem Thema hat. Hier ist sein Notizzettel.

Mobilfunk
Seit wann gibt es Mobilfunk?
Wann wurde das Handy erfunden?
Wie hat sich das Handy entwickelt?
Welches sind die besten Handys?
Ist Telefonieren mit dem Handy gesundheitsschädlich?
Wie unterscheiden sich die unterschiedlichen Funknetze?
Gab es vor dem D-Netz auch schon Mobilfunk?
Warum heißt das Handy in England nicht Handy?

____

____

1 Lies Paulos Fragen auf seinem Notizzettel.

2 Paulo möchte sich als Erstes mit der Geschichte des Mobilfunks befassen. Unterstreiche auf seinem Notizzettel alle Fragen zur Geschichte des Mobilfunks.

3 Überlege dir mindestens zwei weitere Fragen zur Geschichte des Mobilfunks und schreibe sie auf.

Paulo möchte sich zunächst im Internet informieren. Um gezielt zu recherchieren, ruft er die Suchmaschine www.google.de auf.

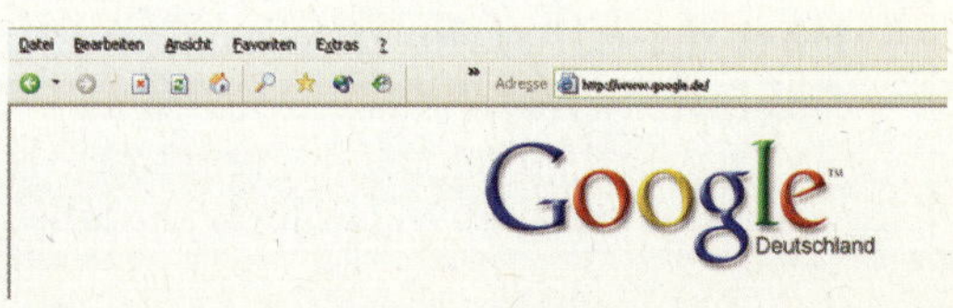

Nach der ersten Sucheingabe erhält er folgendes Ergebnis:

Google — Web | Bilder | Groups | Verzeichnis | News

Geschichte Handy [Suche] Erweiterte Suche / Einstellungen

Suche: ⦿ Das Web ○ Seiten auf Deutsch ○ Seiten aus Deutschland

Web — Ergebnisse **1 - 10**

Geschichte des Mobilfunks
... Einen Überblick über die Entwicklung des **Handy** mit Bildern und Daten gibt die Seite Handygeschichte; Das **Handy** wird 20. ... Mailkontakt: info@**handy**-seiten.de. ...
www.**handy**-seiten.de/10-Geschichte/10-**geschichte**.html - 42k - Im Cache - Ähnliche Seiten ◯

Geschichte Handys
... Das Siemens S1 war seinerzeit nicht das kleinste **Handy**, verfügte aber über eine hervorragende Bedienerführung. ... Mailkontakt: info@**handy**-seiten.de. ...
www.**handy**-seiten.de/10-Geschichte/ 10-Geschichte_Handys/10-**geschichte_handy**s.html - 42k - Im Cache - Ähnliche Seiten
[Weitere Ergebnisse von www.handy-seiten.de] ◯

Handy: Die **Geschichte** des Handys (Flensburg online)
... TELEFON • INTERNET• **GESCHICHTE** DES HANDYs. 16-Juni 2003. Das **Handy** wird 20 Jahre alt. Motorola brachte im Jahre 1983 das erste Mobiltelefon auf den Markt. ...
www.flensburg-online.de/ telefon-internet/**handy-geschichte**.html - 15k - 21. Juni 2004 - Im Cache - Ähnliche Seiten ◯

Der Lehrerfreund - News, Bildung, Unterrichtsvorbereitung Deutsch ...
Unterrichtsvorbereitung Deutsch und **Geschichte**, Gk. News aus Bildung und Schule. ... **Handy** im Unterricht - Empirie, Tipps, Unterrichtsmaterial. ...
www.lehrerfreund.de/ - 15k - Im Cache - Ähnliche Seiten ◯

4 Notiere, welchen Suchbegriff Paulo bei „Google" eingegeben hat.

____

5 Schreibe weitere Suchwörter zur Geschichte des Mobilfunks auf. Gib sie selbst in die Suchmaschine ein, wenn du die Möglichkeit dazu hast.

____

____

Bei den Suchergebnissen interessieren Paulo zwei Seiten besonders.
Er klickt sie an und stößt auf folgende Webseiten:

6 Kreuze bei den Suchergebnissen oben an, welche beiden Seiten Paulo angeklickt hat.

Paulo hat sich von den ausgewählten Webseiten verschiedene Texte zur Entwicklung des Telefons ausgedruckt. In einem Text hat er bereits wichtige Informationen markiert.

7 Lies den Text und formuliere eine Überschrift.

Das Telefon: Wohl keine andere Erfindung fand in der menschlichen Gesellschaft so regen Zuspruch. Heute hat man Klarheit darüber, dass Antonio Meucci, ein italienischer Einwanderer, als der Erfinder des modernen Telefons gilt. Bereits 1830 entdeckte er, dass Kupferleitungen imstande sind, Töne und Signale durch elektrische Impulse zu übermitteln; und so präsentierte er der amerikanischen Öffentlichkeit 1860 sein voll funktionsfähiges Patent, das in der Lage war, menschliche Sprache klar und verständlich zu übertragen.

Sich Karteikarten für einen Vortrag anlegen

Für seinen kurzen Vortrag bereitet Paulo Karteikarten vor. Auf ihnen will er wichtige Stichwörter zu seinem Thema übersichtlich notieren.

8 Auf Paulos erster Karteikarte fehlen noch einige Informationen. Ergänze sie.

(1) *Die Erfindung des Telefons*

1. Name: Antonio Meucci
2. Wo? USA
   Wann? 1830
3. Entdeckung: Kupferleitungen können ______________

____

____

4. ______ ______________

TIPP

Nummeriere deine Karteikarten. Schreibe auf jede Karteikarte eine Überschrift. Notiere nur wenige Stichwörter. Bringe die Stichwörter in eine Ordnung. Schreibe groß und deutlich.

Paulo hat noch weitere Texte ausgedruckt und begonnen, wichtige Informationen zu markieren.

9 Lies den Text und formuliere eine Überschrift. Diese kannst du dann auf die Karteikarte übernehmen. Markiere außerdem im Text wichtige Informationen.

____

Die Anfänge des wirklichen Mobiltelefons wurden in Form eines Zugtelefons 1918 auf der Strecke Berlin – Zossen erstmalig getestet und kam dann am 07.01.1926 auf der Strecke Berlin – Hamburg bei der Deutschen Reichsbahn erstmals zum öffentlichen Einsatz. Natürlich waren die Sprechstellen noch keine direkten Mobilfunkgeräte, wie wir sie heute kennen! Es handelte sich hierbei eher um eine Fernsprechstelle, also einen normalen Fernsprechapparat. Die Signale des Fernsprechers wurden über Kabel auf das Dach weitergeleitet, wo sich entlang des Daches Drähte spannten. Diese Antennen leiteten dann die Signale an die Telegraphenleitungen neben den Gleisen weiter. So genannte Zugvermittlungsstellen leiteten die Verbindungen an das Festnetz weiter. Auch damals schon waren die Gesprächsgebühren unheimlich hoch, so dass sich solche Gespräche nicht für jeden Reisenden lohnten! So soll ein Gespräch über drei Minuten ca. vier Reichsmark gekostet haben. Eine Summe, welche einen wesentlich höheren Wert präsentierte, als das heute der Fall ist.

10 Lege eine Karteikarte für den zweiten Punkt des Kurzvortrags an.

(2) ____

____

____

____

____

____

____

____

____

Bei seiner Recherche erfährt Paulo, dass in Deutschland verschiedene Mobilfunknetze entwickelt wurden, zum Beispiel das A-Netz, das B-Netz, das C-Netz, später das D-Netz und das E-Netz. Das erste Netz von 1958, das A-Netz, interessiert ihn besonders.

11 Notiere, welche Fragen zum A-Netz du an die Texte hast.

Wie funktionierte ...?

____

Was kostete ...?

____

Das A-Netz

1958 wurde das erste öffentliche Mobiltelefonnetz in Deutschland eingeführt. Das A-Netz der Bundespost war aus der Taufe gehoben und damit das damals größte flächendeckende öffentliche Mobilfunknetz der Welt!
Einer der ersten Nutzer war übrigens kein geringerer als der damalige Bundeskanzler Konrad Adenauer! In seinem Mercedes 300 war als Sonderausstattung ein solches Telefon eingebaut.
Für ca. 11 000 Teilnehmer in diesem Netz waren rund um die Uhr 600 Vermittlungskräfte im Einsatz, da der Selbstwahlbetrieb hier noch nicht möglich war. Gespräche mussten durch ein „Fräulein vom Amt“ vermittelt werden ...
Das Telefonieren in diesem Netz soll nicht ohne Tücken gewesen sein! Beim Verlassen eines Funkbereiches musste man das Gespräch beenden, um es im nächsten Versorgungsbereich wieder neu aufzubauen. Ein Anruf eines Mobiltelefons war genauso kompliziert, musste man doch wissen, in welchem Bereich sich der Nutzer gerade aufhielt. Ein solcher Bereich hatte den Radius von 30–50 km. Also keine Rede von Komfort! Immerhin waren 80% der Bundesrepublik inklusive Westberlin mit dem Netz abgedeckt! Das A-Netz blieb bis zum Jahre 1977 erhalten und ging in ein neues, 1972 geschaltetes Netz (B-Netz) über.

Das A-Netz

Das erste richtige Mobilfunknetz in Deutschland war das 1958 von der Bundespost eingeführte A-Netz. Es war ein analoges Netz, das rein handvermittelt arbeitete. Die Gesprächsverbindung wird vom „Fräulein vom Amt“ handvermittelt und muss abgebrochen werden, sobald man den Funkbereich einer Landfunkstelle verlässt. Im benachbarten Funkbereich kann das Gespräch dann wieder aufgenommen werden. Auslandsgespräche waren nicht möglich.
Das A-Netz arbeitete im 150 MHz-Frequenzbereich. Durch die Kosten des Mobilfunks blieb das Telefonieren unterwegs ein Privileg der Wohlbetuchten und derer, die es beruflich nutzten, wie z. B. Politiker, Unternehmer und Angehörige bestimmter Berufsgruppen. Trotzdem war das A-Netz seinerzeit das größte flächendeckende Mobilfunknetz der Welt. Die Hardware war noch sehr klobig, sie basierte auf Röhrentechnik – es wurde noch der halbe Kofferraum benötigt. Die Kosten für ein Gerät lagen bei 8 000 bis 15 000 Mark.

12 Lies die beiden Texte auf Seite 16. Unterstreiche wichtige Zahlenangaben und Informationen.

Paulo möchte auf seiner dritten Karteikarte die wichtigsten Informationen zum A-Netz zusammenstellen. Weil es zwei Texte sind, schreibt er sich zunächst Stichwörter auf einen Notizzettel. Danach kann er die Informationen für seine Karteikarte ordnen.

Sein Notizzettel beginnt so:

1958 erstes öffentliches Mobilfunknetz
A-Netz der Bundespost
flächendeckend (80% der Bundesrepublik einschließlich West-Berlin)
Konrad Adenauer

13 Ergänze Paulos Stichwortzettel zu den beiden Texten. Schreibe in dein Heft.

14 Entwirf nun Paulos dritte Karteikarte zum Thema. Ordne deine Stichworte, ehe du sie auf die Karteikarte übernimmst.

Check

- Entwickle eine Karteikarte mit Informationen zu den Kosten und Preisen des früheren Mobilfunks. Benutze dabei die Informationen des folgenden Textes.
  – Markiere alle Zahlenangaben.
  – Unterstreiche in dem Text wichtige Angaben.

... Die Rufnummern begannen mit der Vorwahl 010. Klar, dass ein solcher Service nicht ganz billig war! Die monatliche Grundgebühr lag bei ca. 66–270 DM, was bei einem normalen Monatsgehalt von 600 DM für einen Facharbeiter wohl kaum erschwinglich war. Der Preis für ein solches Mobilfunkgerät dürfte aber schon Hindernis genug gewesen sein! Ein solches Prachtstück voller Röhrenelektronik mit einem Gewicht von über 16 Kilogramm schlug immerhin mit 8 000–15 000 DM für das Standardgerät „TeKaDe – B72“ zu Buche, während ein VW Käfer schon ab 5 000 DM zu haben war! Die Geräte selbst waren nur Festeinbaugeräte. Böse Stimmen meinten, diese ersparten wenigstens im Winter den Ballast auf den Antriebsrädern und unterstützten die Heizung in den kalten Monaten.

- Formuliere eine Überschrift für deine Karteikarte.

- Notiere alle Stichwörter, die du später auf deine Karteikarte übernehmen möchtest.

- Auch in den anderen Texten dieses Kapitels findest du Informationen zu den Kosten des Mobilfunks. Lies nach und ergänze deine Stichwörter.

■ Fertige nun deine Karteikarte an.

■ Überprüfe mit der Checkliste, ob du alle Regeln zum Erstellen von Karteikarten für einen Vortrag beachtet hast.

Checkliste

Frage	+	–
Hast du zur Vorbereitung deiner Karteikarte wichtige Informationen im Text unterstrichen?	☐	☐
Hast du deine Karteikarte nummeriert?	☐	☐
Hast du deiner Karteikarte eine Überschrift gegeben?	☐	☐
Hast du dich auf wenige Stichwörter beschränkt?	☐	☐
Hast du auch Informationen aus den anderen Texten dieses Kapitels aufgegriffen?	☐	☐
Hast du die Stichwörter geordnet aufgeschrieben?	☐	☐
Hast du groß und deutlich geschrieben?	☐	☐

3 Informationen ordnen

In diesem Kapitel lernst du:

- **wie du eine Mind-Map anfertigst,**
- **Mind-Mapping als eine Methode anwenden,**
  mit welcher du ein Vorhaben planen und übersichtlich darstellen kannst,
  mit welcher du Informationen aus einem Sachtext sammeln und ordnen kannst.

Mit Hilfe einer Mind-Map planen

Vor einer Klassenfahrt muss die Tasche gepackt werden. Sven und Irfan haben sich auf einem Notizzettel notiert, an was sie dabei denken müssen.

Sven hat eine Liste gemacht:

Nicht vergessen:

Socken	*Spiele*	______
Zahnpasta	*Duschbad*	______
Jeans	______	______

Irfan hat seine Ideen in einem Cluster notiert:

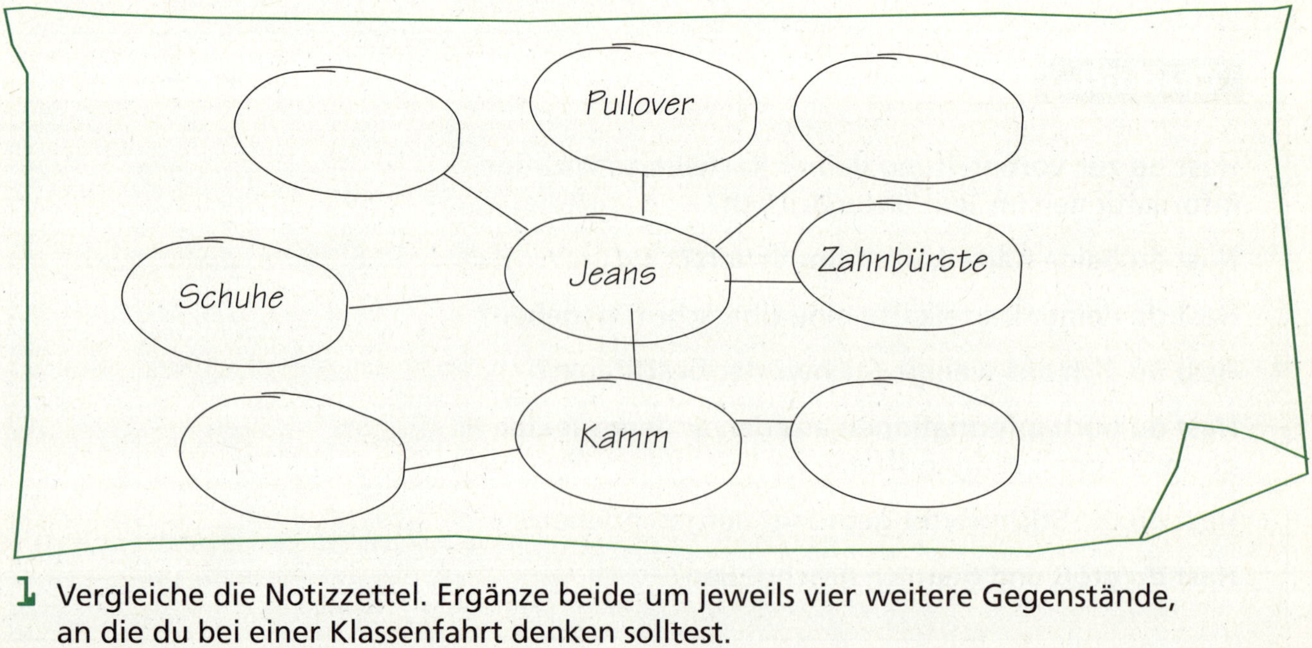

1 Vergleiche die Notizzettel. Ergänze beide um jeweils vier weitere Gegenstände, an die du bei einer Klassenfahrt denken solltest.

Beide Notizzettel sind spontan entstanden und ungeordnet.
Mit einer Mind-Map kannst du Informationen übersichtlicher ordnen.

Schritt 1: **Du zeichnest einen Kreis in die Mitte eines Blattes und schreibst das Thema oder die Aufgabe in den Kreis.**

Schritt 2: **Du zeichnest an den Kreis breite Verzweigungen und notierst an deren Ende verschiedene Oberbegriffe.**

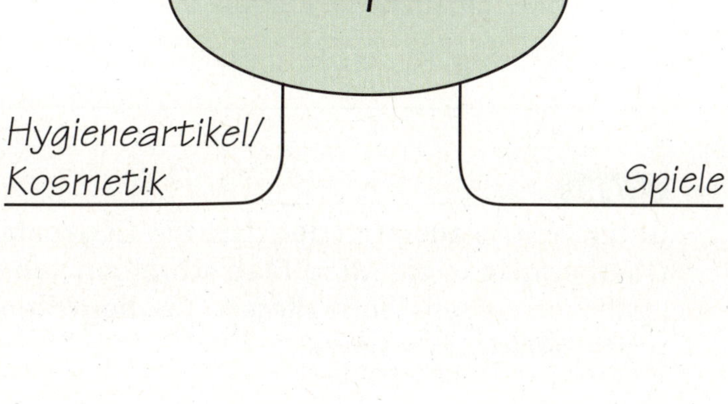

Schritt 3: **Von den Oberbegriffen ausgehend zeichnest du weitere Verzweigungen. Hier notierst du alles, was dir zu diesen Oberbegriffen einfällt.**

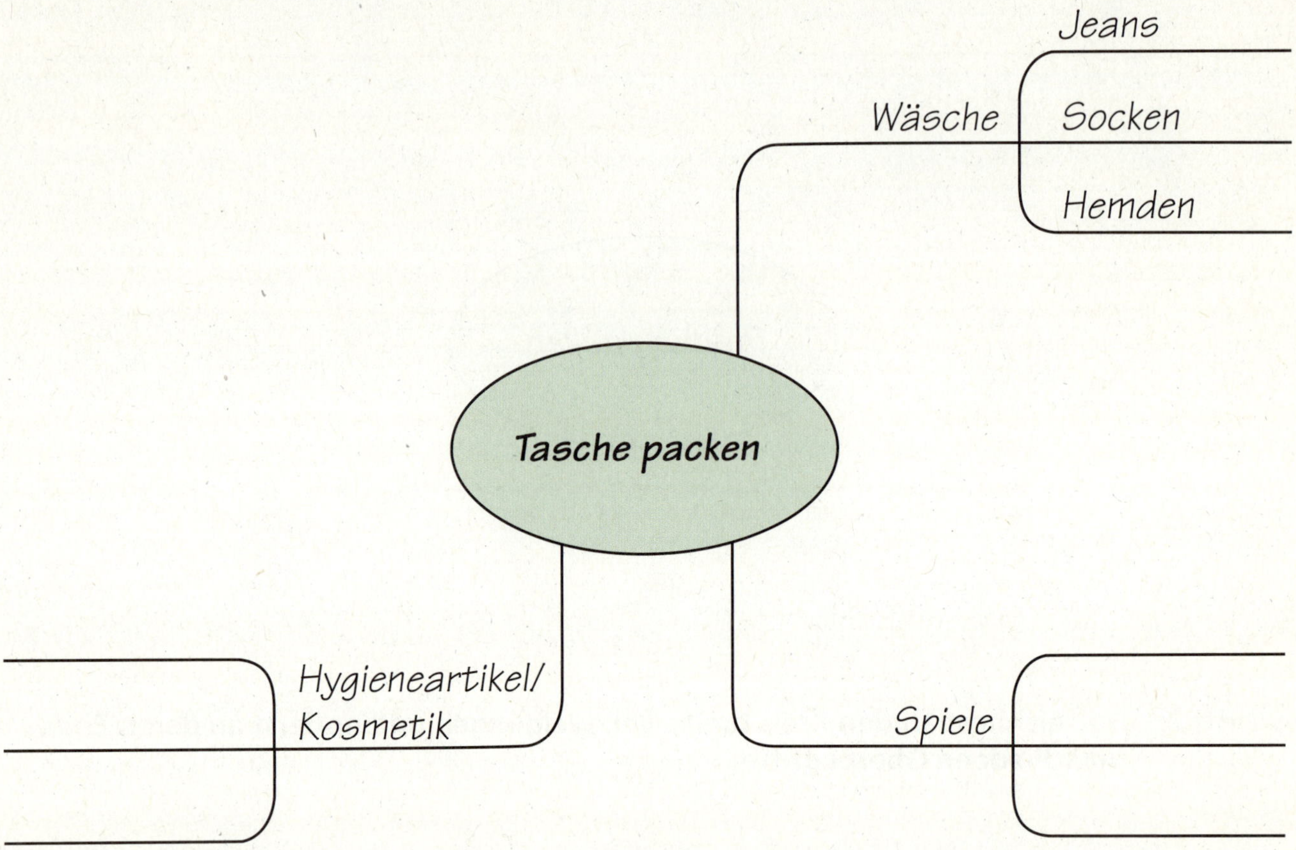

2 Ergänze die Mind-Map um alle Gegenstände aus den Listen von Sven und Irfan, die noch fehlen.

3 Ergänze die Mind-Map noch um folgende Gegenstände:

Unterwäsche, Kartenspiel, Hemden, Badehose, Jogginganzug, Ausweise, Impfausweis, Personalausweis, Monopoly, Bettzeug, Kissen, Schlafsack

TIPP

Unterstreiche zuerst in der Liste die Gegenstände, die du als Oberbegriffe in die Mind-Map schreiben kannst. Ordne dann die restlichen Gegenstände diesen Oberbegriffen zu. Füge noch weitere Hauptäste hinzu.

4 Du möchtest mit Hilfe einer Mind-Map deine Geburtstagsfeier planen.
Unterstreiche bei den folgenden Notizen vier Oberbegriffe und schreibe sie ans Ende der vier Hauptäste der Mind-Map.

Limo, Getränke, Saft, Einladungen, Musik, CDs, CD-Player, Spiele, anrufen, SMS schreiben, Karten schicken, bunte Karten, Saft, Kartenspiele, Gesellschaftsspiele

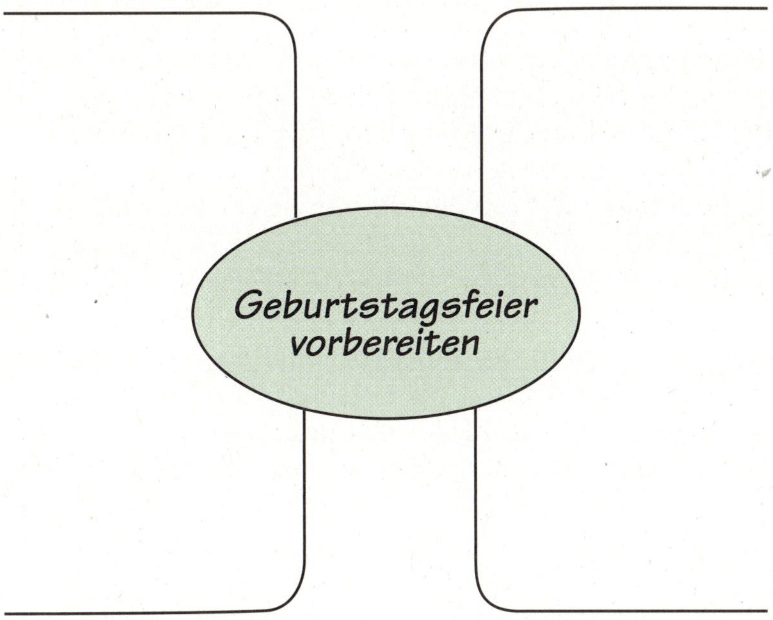

5 Zeichne weitere Nebenäste und ordne die restlichen Gegenstände zu.

Mit Hilfe einer Mind-Map Informationen aus einem Sachtext übersichtlich darstellen

b Lies den Sachtext über die Bevölkerungsentwicklung in den Industrieländern.
- Unterstreiche wichtige Informationen.
- Vervollständige die Mind-Map auf Seite 25, indem du die wichtigsten Informationen einordnest.

Über fünf Milliarden Menschen!

„... jede Minute wächst die Weltbevölkerung um 180 Menschen, jeden Tag um 260 000, jedes Jahr um 95 Millionen!
Die Weltbevölkerung wächst so rasch, weil die Zahl der Geburten größer ist als die Zahl der Sterbefälle. Wissenschaftler drücken das so aus: Die Geburtenrate, also die Zahl der Geburten pro 100 Einwohner in einem Jahr liegt höher als die Sterberate. [...]

Auch die Industrieländer hatten einmal ein starkes Bevölkerungswachstum. Die Entwicklung verlief in drei Phasen:

Erste Phase
Vor Beginn des Industriezeitalters waren acht, zehn oder gar zwölf Kinder pro Familie keine Seltenheit. Aber davon überlebten meist nur zwei oder drei Kinder, die anderen starben früh. Immer wieder gab es Hungersnöte und gefährliche Krankheiten. Die Lebenserwartung war gering. So wuchs die Bevölkerung trotz hoher Geburtenraten kaum.

Zweite Phase
Im 19. Jahrhundert – mit Beginn des Industriezeitalters – wirkten sich die Fortschritte der Medizin und die bessere Ernährung aus. Die Lebenserwartung stieg. Die Zahl der Geburten war aber immer noch sehr hoch. Die Folge war rasches Wachstum der Bevölkerung.

Dritte Phase
Seit der Mitte des 20. Jahrhunderts nimmt die Kinderzahl schnell ab. Das ist das Ergebnis der Familienplanung. Viele Eltern wollen nicht mehr als zwei Kinder. Manche Paare verzichten ganz auf Kinder. Die Bevölkerung wächst nur noch langsam, in einigen Ländern gar nicht mehr."

Bevölkerungswachstum der Erde

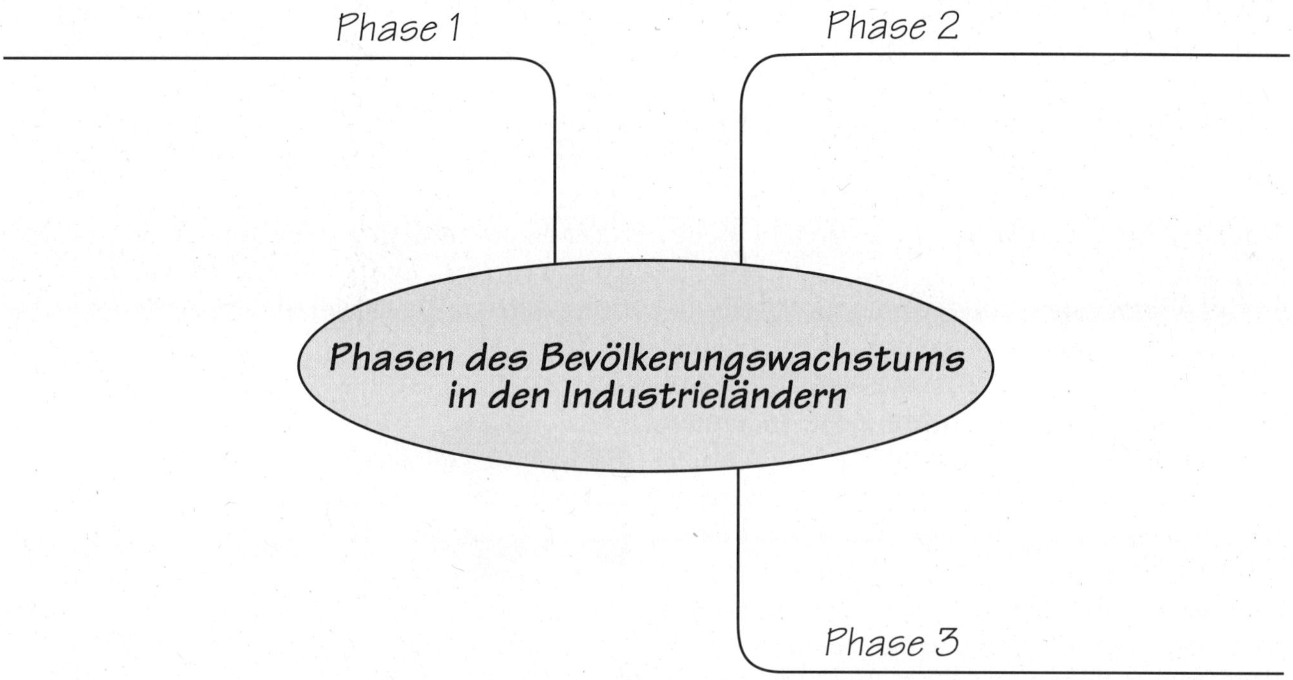

7 Überprüfe, ob deine Mind-Map die wichtigsten Informationen enthält. Dabei kann dir folgende Auswahl wichtiger Informationen helfen.

vor dem Industriezeitalter – Beginn des Industriezeitalters (im 19. Jahrhundert) – Mitte des 20. Jahrhunderts – Kinderreichtum – hohe Geburtenzahl – sinkende Kinderzahl – geringe Lebenserwartung – Hungersnöte – Krankheiten – steigende Lebenserwartung – Kindersterblichkeit – hohe Lebenserwartung – kaum Bevölkerungswachstum – rasches Bevölkerungswachstum – langsames Bevölkerungswachstum

8 Erläutere einer Mitschülerin/einem Mitschüler mit Hilfe deiner Mind-Map die Phasen des Bevölkerungswachstums.

Check

■ Lies den Sachtext aus einem Geographiebuch und unterstreiche die wichtigsten Informationen über die unterschiedlichen Wüstenarten.

In der Wüste

Mit dem Auto in die Sahara – eine ungewöhnliche „Urlaubsreise". Von Tripolis bis zu den Djofra-Oasen führt eine gute Straße. Dann wird es schwieriger. Die Wüstenpiste ist auf den meisten Karten gar nicht verzeichnet. Wir brauchen Geländewagen, außerdem mehrere Kanister Benzin, Wasser, Ersatzreifen, Zelte. Es ist Juli.

In der **Kieswüste** ist das Fahren nicht schwierig, wir kommen gut voran. Wenn es nur nicht so heiß wäre! Wir messen 38°C. Am Abend schlagen wir unsere Zelte in einem Trockental auf. Mich fröstelt nach der Hitze des Tages, obwohl das Thermometer noch 22°C anzeigt. In der Nacht kommt Sturm auf. Stundenlang prasselt der Sand gegen unser Zelt. Hoffentlich gibt es kein Gewitter. Wenn es wirklich einmal regnet, dann können sich die Trockentäler schnell in reißende Flüsse verwandeln.

Am vierten Tag kommen wir in die **Felswüste**. Das Land ist übersät mit Gesteinsbrocken. Mühsam holpern die Autos vorwärts. Wir schaffen nur 7 km in der Stunde. Die Lenkräder schlagen hin und her und den Fahrern schmerzen die Arme. Ab und zu müssen wir aussteigen und große Felsbrocken aus dem Weg räumen. Die Reifen sind zerfetzt von den scharfkantigen Steinen. Reifenwechsel bei 40°C!

Am siebten Tag erreichen wir den Erg Rebiana, eine **Sandwüste.** So habe ich mir die Wüste vorgestellt: Sand und Dünen. Auch hier ist das Fahren eine Qual. Unsere Autos graben sich tief in den lockeren Sand und bleiben immer wieder stecken. Aber die Abende sind wunderschön. Im Licht der untergehenden Sonne leuchtet die Dünenlandschaft in herrlichen Farben. Dieses Bild lässt uns die Mühen des Tages vergessen.

Am zwölften Tag erreichen wir endlich die Kufra-Oasen, unser Ziel. Eine schöne Fahrt ist zu Ende – schön und sehr anstrengend.

Vier arabische Wörter:
der Erg = Sandwüste mit Dünen
der Serir = Kieswüste
die Hamada = Felswüste, mit Gesteinsbrocken übersät
das Wadi = Trockental; ein Flusstal, in dem monatelang oder sogar jahrelang kein Wasser fließt

■ Stelle die wichtigsten Informationen zu den unterschiedlichen Wüstenarten in einer Mind-Map übersichtlich dar.

■ Überprüfe mit der Checkliste, ob du beim Erstellen deiner Mind-Map richtig vorgegangen bist.

Checkliste

	+	–
Hast du das Thema in den Kreis der Mind-Map geschrieben?	☐	☐
Hat deine Mind-Map mindestens drei Hauptäste?	☐	☐
Hast du am Ende der Hauptäste die Oberbegriffe notiert?	☐	☐
Hast du von den Oberbegriffen ausgehend jeweils weitere Verzweigungen (Nebenäste) eingezeichnet?	☐	☐
Hast du am Ende der Verzweigungen Unterbegriffe eingetragen?	☐	☐
Könntest du aufgrund deiner Mind-Map deine Mitschülerinnen/ Mitschüler über die typischen Merkmale der unterschiedlichen Wüstenarten informieren?	☐	☐

4 Einem Text Informationen entnehmen

In diesem Kapitel lernst du:

- **wie du in zwei Schritten einen Sachtext erschließt,**
- **wie du in einem dritten Schritt Informationen aus einem Sachtext übersichtlich darstellen kannst.**

Kennst du das? Du hast gerade einen Sachtext gelesen. Trotzdem kannst du kaum zusammenfassen, was du gelesen hast. Das wird sich ändern, wenn du die folgenden Arbeitsschritte beim Lesen berücksichtigst.

Schritt 1: Sich auf das Lesen des Textes vorbereiten

- Die Überschrift oder das Thema des Textes notieren

1 Notiere das Thema des Textes auf Seite 30.

____

- Überlegen, was du selbst bereits zu dem Thema des Textes weißt

2 Notiere in Stichworten, was du zu diesem Thema bereits weißt.

Viele Vögel sammeln sich im Herbst ____________

____

____

____

____

____

____

____

Fragen zum Thema an den Text stellen

3 Suche zwei Fragen aus, auf welche du im Text eine Antwort erwartest.
Kreuze sie an.

- Welche Vögel gehören zu den Zugvögeln? ○
- Welche Vögel bleiben das ganze Jahr an ihrem Standort? ○
- Woher wissen die Vögel, wann es Zeit ist, sich zum Vogelzug zu sammeln? ○
- Wie lange bleiben die Vögel fort? ○

4 Notiere mindestens zwei weitere Fragen, auf die du im Text auch eine Antwort erwartest.

1. ______________________________

____

2. ______________________________

____

Schritt 2: Den Text lesen.

Den Text das erste Mal lesen

5 Lies den Text auf Seite 30.
– Markiere die Stellen, welche eine Antwort auf deine Fragen geben.
– Kennzeichne die Textstellen, die du nicht verstehst.

6 Häufig werden Sachtexte durch Bilder oder Grafiken ergänzt.
Notiere in Stichwörtern, welche Informationen du durch die Grafik zu diesem Text erhältst.

____

____

____

____

Vom Vogelzug

Von August an sammeln sich die Mehlschwalben. Immer häufiger fliegt ein Trupp ab; Ende September sind alle fort. Sie finden im Winter nicht genügend Nahrung bei uns und überwintern in warmen Gebieten Afrikas. Im nächsten Frühjahr kehren sie zum Brüten in ihre Heimat zurück. Solche wandernden Vögel nennen wir Zugvögel oder, weil sie nur im Sommer zum Brüten hier sind, **Sommervögel.**
Zu den Zugvögeln gehören viele andere bei uns heimische Arten, wie z. B. **Rauchschwalbe, Mauersegler, Kuckuck** und **Weißstorch.**

Vögel, die das ganze Jahr an ihrem Geburtsort bleiben, wie **Haussperling, Dompfaff, Kleiber, Rotkehlchen** und **Amsel,** nennt man **Standvögel.**

Vögel, die nur für kurze Zeit ungünstigen Lebensbedingungen ausweichen, gehören zu den **Strichvögeln.** Beispiele für diese Gruppe sind **Kohlmeise, Blaumeise, Buchfink** und **Star.** Nur wenn in strengen Wintern in Nordeuropa die Beerennahrung knapp wird, kommen **Bergfinken** und **Seidenschwänze** plötzlich in großen Schwärmen zu uns. Solche Vögel, die nur manchmal in großen Schwärmen zu uns kommen, werden **Invasionsvögel** genannt.

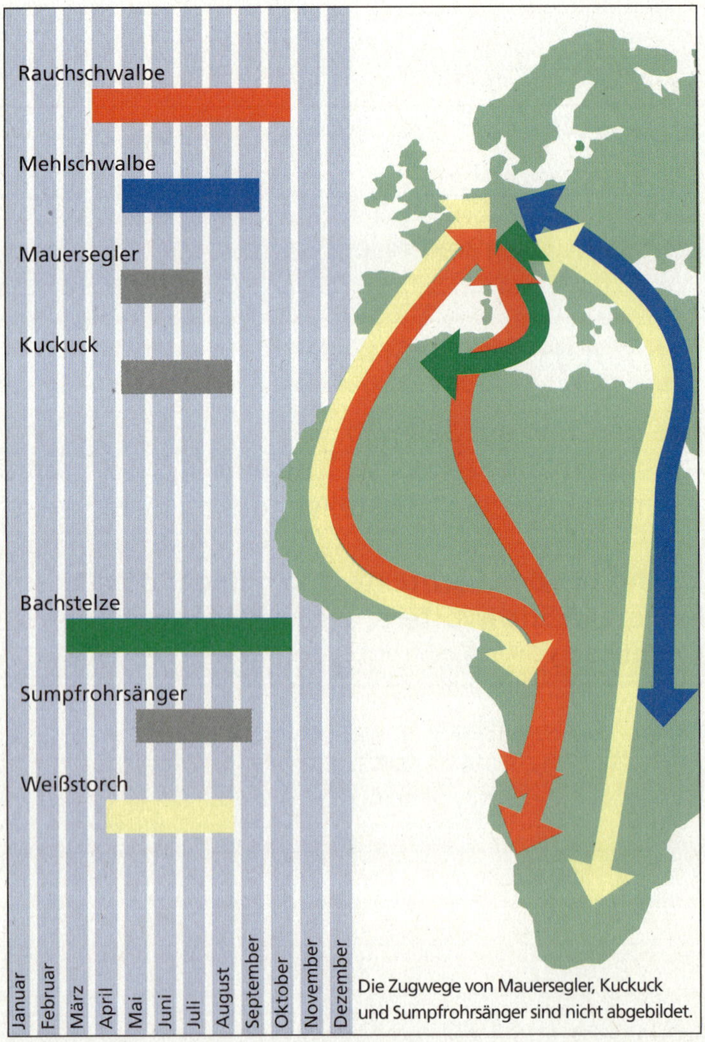

Die Zugwege von Mauersegler, Kuckuck und Sumpfrohrsänger sind nicht abgebildet.

7 Streiche von folgenden Stichwörtern diejenigen, welche dir nun im Zusammenhang mit dem Vogelzug bekannt sind.

Brutverhalten – Nahrungsmangel – überwintern – Zugvögel – Standvögel – Sommervögel – Invasionsvögel – Zugwege – Aufenthaltsdauer – Strichvögel

8 Hake auf Seite 29 die Fragen ab, auf welche du eine Antwort gefunden hast. Notiere die Antworten.

■ Den Text intensiv lesen

9 Lies den Text noch einmal.
Unterstreiche, was für dich jetzt noch neu ist. Notiere die Stichwörter.

TIPP

Wenn du Wörter oder Begriffe nicht kennst, dann schlage in einem Lexikon nach.

Schritt 3: Nach dem Lesen – Die Informationen aus einem Text übersichtlich darstellen

10 Überlege, wie du in der Mind-Map wichtige Informationen des Textes übersichtlich darstellen kannst. Ergänze die Mind-Map.

TIPP

Notiere zunächst Oberbegriffe.
Ergänze die Oberbegriffe um weitere Verzweigungen.
Notiere an deren Ende Informationen zu den einzelnen Oberbegriffen.

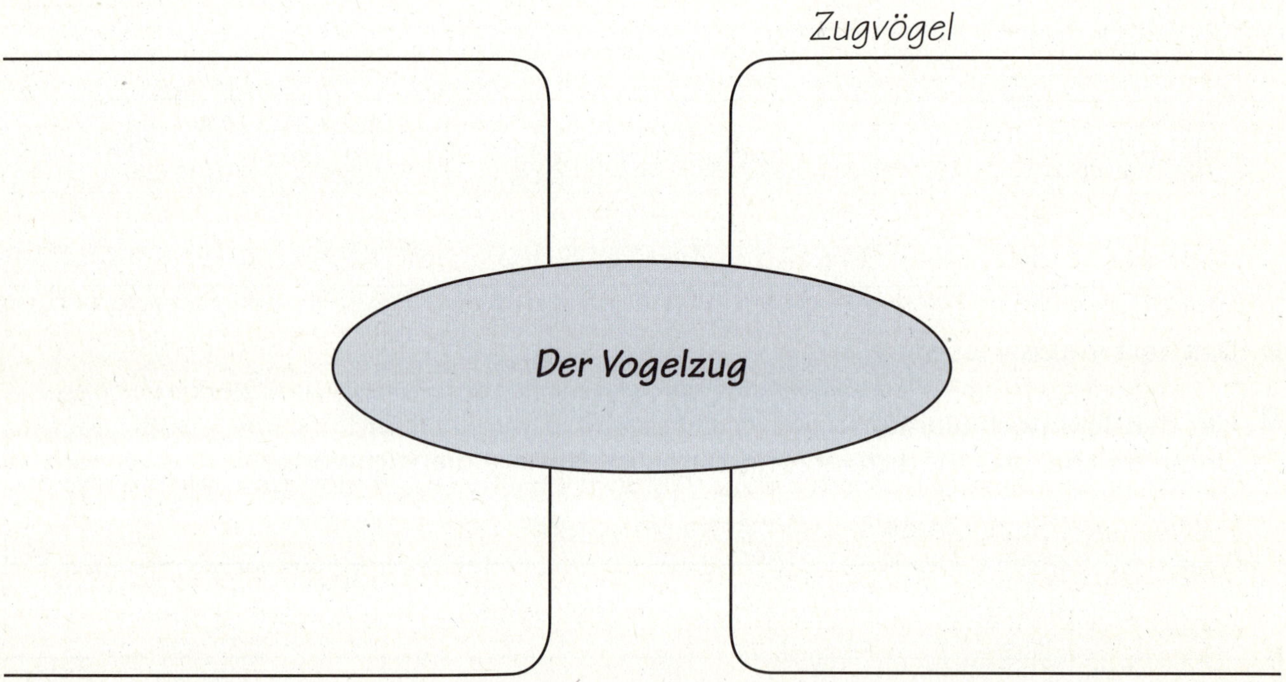

11 Lies den Text noch einmal und überprüfe, ob deine Mind-Map die wichtigsten Informationen enthält.

12 Trage mit Hilfe deiner Mind-Map einer Mitschülerin/einem Mitschüler vor, was du in dem Text über den Vogelzug erfahren hast.

Check

■ Erschließe den Text aus einem Biologiebuch mit der neuen Methode in drei Schritten.

Vögel unterwegs

Den Vogelzug erforschen die Wissenschaftler der **Vogelwarten.** [...] Viele junge und alte Vogelfreunde im ganzen Land arbeiten an diesen Forschungen mit. Abreise- und Ankunftsdaten im Heimat- und Winterquartier werden gesammelt. Die Beobachtung und Zählung der ziehenden Vögel geschieht auch von Flugzeugen aus oder mit Radar. Ein auf dem Vogelrücken angebrachter Sender strahlt Funksignale aus, die von Satelliten empfangen und an Vogelwarten weitergeleitet werden.
Die wichtigste Methode der Vogelzugforschung ist die Beringung, die schon seit 1899 durchgeführt wird.
Von 100 beringten Vögeln werden höchstens fünf wiedergefunden. Aus den Fundmeldungen können die Wissenschaftler eine Menge von Erkenntnissen gewinnen:
So wissen wir, dass nicht nur unsere Zugvögel in den Süden ziehen, sondern dass auch viele Arten aus dem Norden im Winter zu uns kommen.

Wie finden die Zugvögel ihre Wege? Zugvögel wurden in Käfigen unter einen künstlichen Himmel gesetzt. Es zeigte sich, dass sich **Nachtzieher** nach den Sternen und **Tagzieher** nach der Sonne richten. Vögel, die aus Eiern schlüpften, die in fremde Gegenden gebracht worden waren, zeigten, dass ihnen die einzuschlagende Zugrichtung angeboren ist.
Bei Tagziehern können aber auffällige Oberflächenstrukturen der Erde wie Küsten, Gebirge und Flüsse die Richtung streckenweise beeinflussen.
Der Zugbeginn wird bei manchen Vogelarten durch eine bestimmte Tageslänge ausgelöst, anderen scheint eine „innere Uhr" den Zeitpunkt der Abreise mitzuteilen.

Gefahren auf dem Zug: Zahlreich sind die Gefahren, denen Vögel auf ihrem Zug ausgesetzt sind: Orkane, Hagel, Kälte, Regen und Nahrungsmangel im Norden setzen den Vögeln ebenso zu wie Sandstürme, Hitze und Dürre im Süden. Aber auch Starkstromleitungen, hohe Gebäude, Brücken und Funkmasten werden den Zugvögeln bei Nebel zum Verhängnis.
Wahre Vogelfallen für die Nachtzieher sind Leuchttürme und die Fackeln der Erdöl- und Erdgasindustrie. Durch das Licht geblendet, kommen in der Hauptzugzeit Tausende von Vögeln um.
Gewaltig sind auch die Verluste durch den jagenden Menschen: Mit Netzen, Schlingen, Fallen, Leimruten und Waffen aller Art wird den Zugvögeln nachgestellt.

Schritt 1: Sich auf das Lesen des Textes vorbereiten

- Thema des Textes:

- Was du bereits zu diesem Thema weißt:

- Deine Fragen an den Text:

Schritt 2: Den Text lesen.

- Den Text das erste Mal lesen. Notieren, auf welche Fragen du eine Antwort gefunden hast:

- Den Text intensiv lesen. Unbekannte Wörter notieren und nachschlagen. Stichwörter machen zu dem, was für dich neu ist:

Schritt 3: Nach dem Lesen – Die Informationen aus dem Text übersichtlich darstellen

- Mind-Map entwickeln:

TIPP

Notiere zunächst zwei weitere Oberbegriffe aus dem Text. Füge dann zu den Oberbegriffen in der Mind-Map Nebenäste mit den dazugehörigen Informationen aus dem Text hinzu.

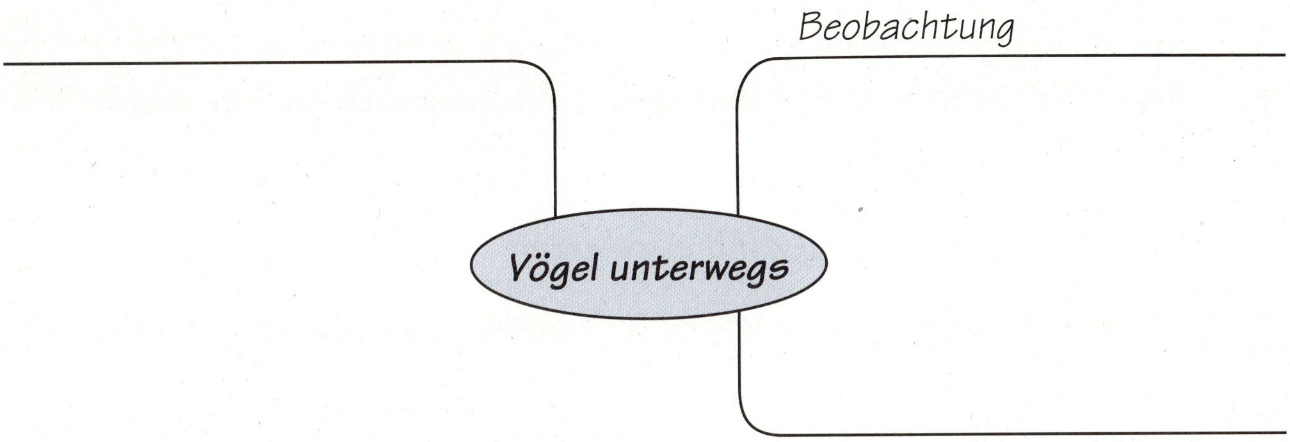

- Überprüfe anhand der Checkliste, ob du die Texterschließungsmethode in drei Schritten richtig angewendet hast.

Checkliste

	+	−
Hast du die Überschrift des Textes notiert?	☐	☐
Hast du anschließend aufgeschrieben, was du zum Thema des Textes bereits gewusst hast?	☐	☐
Hast du im nächsten Schritt eigene Fragen an den Text formuliert?	☐	☐
Hast du dann den Text ein erstes Mal gelesen, um festzustellen, auf welche deiner Fragen der Text eine Antwort gibt?	☐	☐
Hast du den Text anschließend gründlich gelesen und dir Stichwörter gemacht?	☐	☐
Hast du unbekannte Wörter nachgeschlagen?	☐	☐
Hast du zu jedem Oberbegriff in deiner Mind-Map Nebenäste gezeichnet und beschriftet?	☐	☐

5 Diagramme verstehen und auswerten

In diesem Kapitel lernst du:

- **verschiedene Arten von Diagrammen kennen, und zwar das Säulendiagramm, das Kreisdiagramm und das Kurvendiagramm,**
- **wie du in sechs Schritten ein Diagramm erschließen kannst,**
- **wie du Informationen aus einem Diagramm schriftlich zusammenfassen kannst.**

Sachtexte werden häufig durch Grafiken in Form von Diagrammen ergänzt. Diese Diagramme veranschaulichen Informationen aus dem Text oder sie geben zusätzliche Informationen. Sie haben meistens die Form von Kurven, Säulen, Balken oder Kreisen.

Säulendiagramme verstehen und auswerten

In einem Biologiebuch findest du folgendes Säulendiagramm zum Drogenmissbrauch in Deutschland:

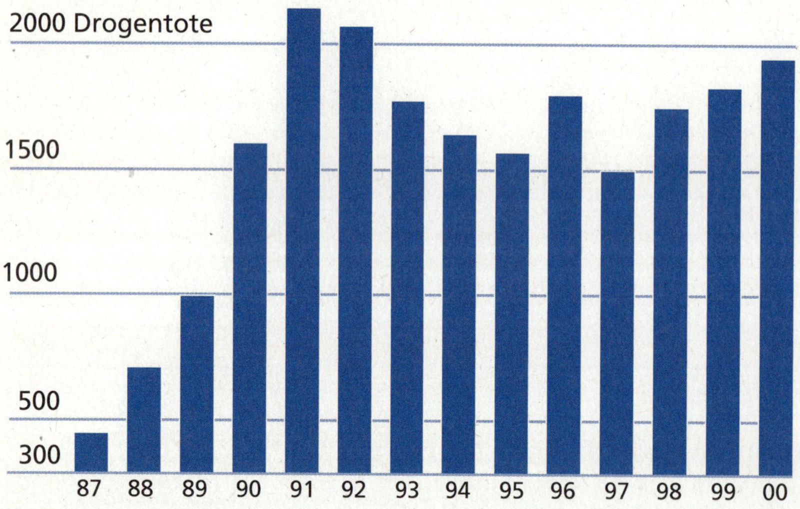

Dieses Diagramm ist ein **Säulendiagramm.** !

Jede Säule steht für ein Jahr. Das kannst du unter den Säulen ablesen.

Die Höhe der Säulen gibt die Zahl der Drogentoten in dem entsprechenden Jahr an.

Wenn du die Informationen aus einem Diagramm verstehen und auswerten willst, gehst du am besten in folgenden sechs Schritten vor.

Schritt 1: Die Überschrift oder das Thema des Diagramms notieren

1 Schreibe das Thema des Diagramms auf.

Schritt 2: Überlegen, was du selbst bereits zum Thema weißt

2 Notiere, was du zu dem Thema bereits weißt.

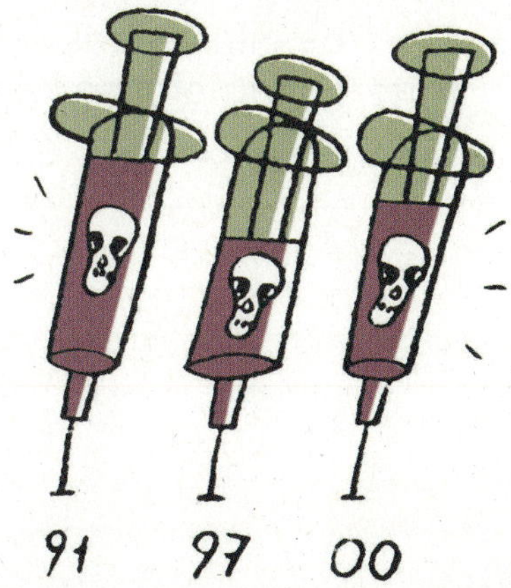

____

____

____

____

Schritt 3: W-Fragen zum Thema an das Diagramm stellen

Welcher Zeitraum wird in der Grafik dargestellt?

Wann ...?

Wie viele Drogentote gab es in Deutschland im Jahr 2000?

3 Formuliere mindestens zwei weitere W-Fragen zum Thema des Diagramms.

____

____

____

____

Schritt 4: Texte, Erläuterungen und Zahlen zu dem Diagramm genau lesen

4 Lies alle Angaben zum Diagramm. Schreibe auf, um welchen Sachverhalt es genau geht.

Das Diagramm zeigt, wie viele ______________________________

____

____

TIPP
Schau vor allem die Zahlenangaben genau an.

Schritt 5: Wichtige Einzelinformationen aus der Grafik erkennen und notieren

5 Schreibe mindestens drei Einzelinformationen auf, welche du dem Diagramm auf Seite 36 entnehmen kannst.

Im Jahr ______________________________

____

____

____

____

Schritt 6: Gesamtaussagen zum Diagramm formulieren

6 Formuliere mindestens sechs Aussagen zum Entwicklungsverlauf der Todesfälle durch Drogen in Deutschland.

TIPP

Hier sind einige Formulierungshilfen, die du verwenden kannst.

die niedrigste Zahl an Todesfällen – die höchste Zahl an Todesfällen – die Zahl der Todesfälle – die Anzahl der Todesfälle – stieg steil an – sank – erhöhte sich – blieb gleich – im Jahr 1991 – im Jahr 1996 – im Zeitraum von ... bis ... – ein Jahr später

1 ______________________________

2 ______________________________

3 ______________________________

4 ______________________________

5 ______________________________

6 ______________________________

7 Auf Seite 37 hast du eigene Fragen zum Diagramm notiert.
- Trage deine Fragen in die erste Spalte der Tabelle ein.
- Notiere auch die beiden Fragen aus den Sprechblasen auf Seite 37.
- Suche im Diagramm eine Antwort auf die Fragen. Trage diese Antworten in der zweiten Spalte der Tabelle ein.
- Falls du im Diagramm auf die Fragen keine Antwort gefunden hast: Überlege, wo du die Antwort finden kannst. Trage den Lösungstipp in die zweite Spalte ein.

Meine Frage	*Die Antwort oder der Lösungstipp*

8 Jetzt kannst du die Informationen aus dem Säulendiagramm zusammenfassen und auswerten. Fülle folgenden Lückentext aus und schreibe ihn in dein Heft.

Das vorliegende Säulendiagramm hat den Titel: ______ .
Es informiert über die Zahl der ______ in den Jahren ______ bis ______ .
Beim genauen Betrachten des Diagramms stellt man fest, dass im Jahr 1987 ______ .
In den folgenden Jahren stieg ______ und erreichte im Jahr ______
mit ______ Opfern ihren Höchststand. In den folgenden vier Jahren ______
die Zahl der Drogentoten wieder und stieg dann allerdings im Jahr ______ nochmals
auf ______ Personen an. Im Jahr 1997 ______ die Zahl der Opfer erneut. Bis
zum Jahr 2000 erhöhte sich dann ______ jährlich erneut.
Sie blieb mit ______ Opfern aber knapp unter dem Höchststand des Jahres
______ .

Beim Betrachten des Diagramms stellen sich zwei Fragen:
1. Warum sank die Zahl der Drogentoten nach 1991?
2. Warum ______ ?

9 Suche Antworten auf die beiden Fragen am Ende des Lückentextes.

10 Ergänze deine Antworten in einem kurzen zusätzlichen Abschnitt in deinem Heft.

TIPP
Beginne so: Vermutlich ..., Ich vermute, dass ...,

In einem Geographiebuch findest du folgendes Säulendiagramm zum Tourismus in Mallnitz:

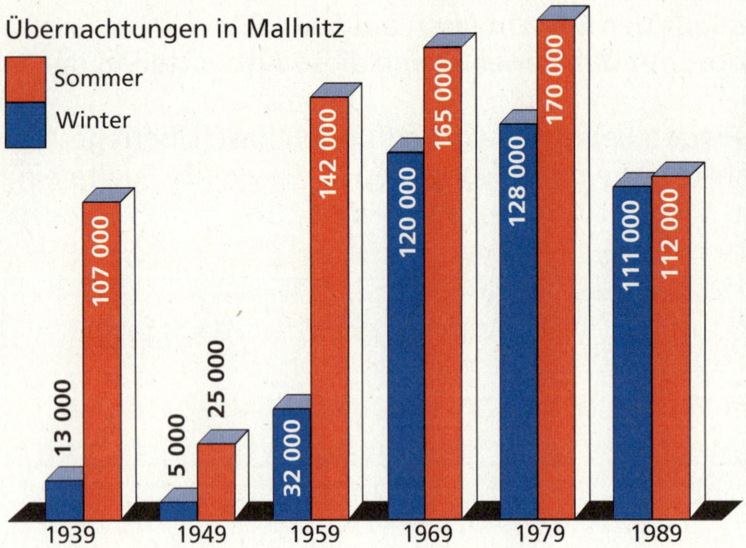

11 Beschreibe das Säulendiagramm und werte es aus.

Schritt 1: **Schreibe das Thema des Diagramms auf.**

____

Schritt 2: **Notiere, was du bereits zum Thema weißt.**

Fremdenverkehr ist wichtig, weil ______________________________

____

____

____

Schritt 3: **Notiere deine W-Fragen an das Diagramm.**

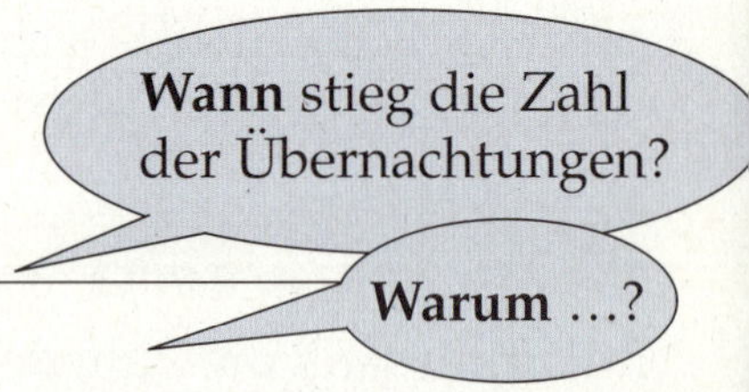

____

____

____

____

____

Schritt 4: **Lies alle Angaben zu dem Diagramm.**
Schreibe auf, um welchen Sachverhalt es genau geht.

TIPP
Beachte die Erläuterung der beiden Farben in der Legende.

Das Diagramm zeigt ______________________________

____

____

Schritt 5: **Schreibe mindestens drei Einzelinformationen auf, die du dem Diagramm entnehmen kannst.**

____

____

____

____

Schritt 6: **Formuliere mindestens vier Aussagen zur Entwicklung der Übernachtungen im Ferienort Mallnitz.**

TIPP
Hier sind einige Formulierungshilfen, die du verwenden kannst.

die Zahl der Übernachtungen im Sommer – die Zahl der Übernachtungen im Winter – stieg – fiel – erreichte ihren Höhepunkt – brach ein – sank – lag höher – lag niedriger

____

____

____

- Schreibe die Auswertung in dein Heft.
- Formuliere noch zwei Fragen, die sich beim Betrachten des Diagramms stellen, und erläutere sie schriftlich im Heft.

Kreisdiagramme verstehen und auswerten

In einem Physikbuch findest du folgendes Kreisdiagramm zum Energieverbrauch im Haushalt:

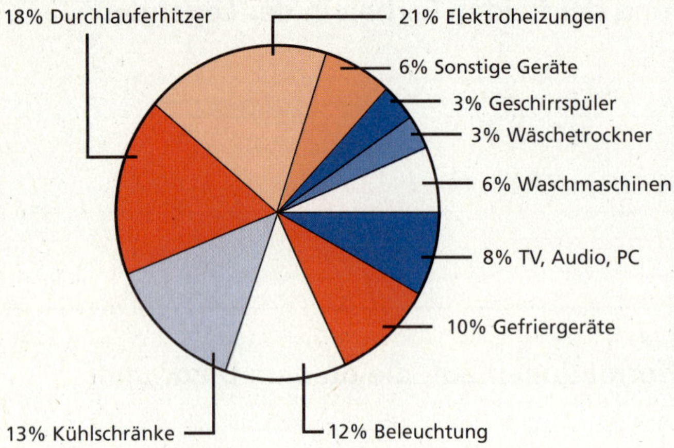

Dieses Diagramm ist ein **Kreisdiagramm.** !

Der ganze Kreis umfasst den gesamten Energieverbrauch eines Haushalts, also 100%.

Die Größe der farblich unterschiedlichen Kreisausschnitte gibt an, wie viel der Gesamtenergie auf die einzelnen Haushaltsgeräte entfällt.

12 Beschreibe das Kreisdiagramm und werte es aus.

Schritt 1: Schreibe das Thema des Diagramms auf.

Energie ist teuer.

___

Der Energieverbrauch steigt stetig.

Schritt 2: Notiere, was du bereits zum Thema weißt.

___

___

___

Schritt 3: Notiere deine W-Fragen an das Diagramm.

Welche Haushaltsgeräte ...?

___

___

___

Schritt 4: Lies alle Angaben zu dem Diagramm.
Schreibe auf, um welchen Sachverhalt es genau geht.

Das Diagramm zeigt ___

___

Schritt 5: **Schreibe mindestens drei Einzelinformationen auf, die du dem Diagramm entnehmen kannst.**

Schritt 6: **Welche Gesamtaussagen kannst du anhand des Diagramms zum Energieverbrauch durch Haushaltsgeräte machen?**
Schreibe mindestens vier Aussagen auf.

- Schreibe die Auswertung in dein Heft.
- Betrachte das Diagramm noch einmal genau. Überlege dir, wie man den Energieverbrauch im Haushalt einschränken könnte. Schreibe deine Ideen in Stichworten auf.

- Formuliere zwei weitere Fragen, die sich dir beim Betrachten des Diagramms stellen.

- Erläutere als letzten Abschnitt deiner Auswertung im Heft deine Überlegungen sowie deine beiden Fragen.

Kurvendiagramme verstehen und auswerten

In einem Physikbuch findest du folgendes Kurvendiagramm zum Energieverbrauch in Haushalten:

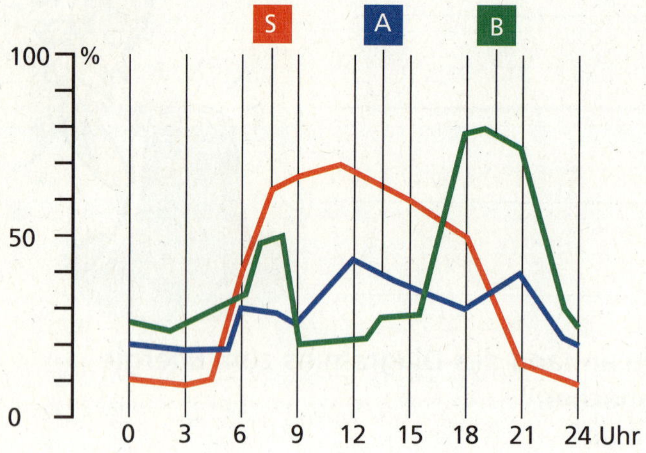

> Dieses Diagramm ist ein **Kurvendiagramm.**
>
> Jede Kurve veranschaulicht den Energieverbrauch.
>
> Die Kurven entstehen, indem man z. B. der Uhrzeit jeweils einen Prozentwert zuordnet.
>
> Entsprechend dem Energieverbrauch steigen oder senken sich die Kurven.
>
> !

13 Beschreibe das Kurvendiagramm und werte es aus.

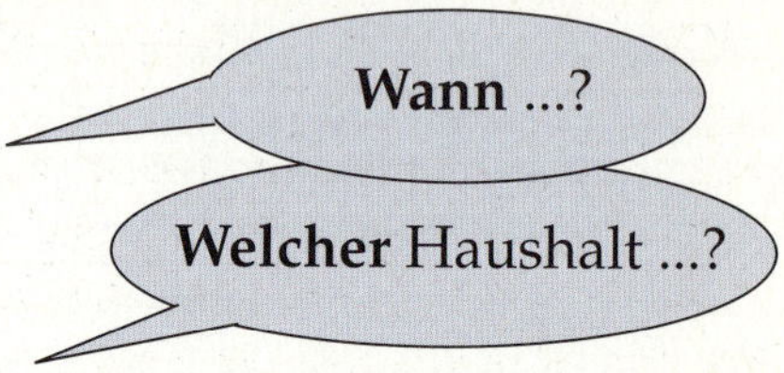

Schritt 1: Schreibe das Thema des Diagramms auf.

____

____

Schritt 2: Notiere, was du bereits zum Thema weißt.

Am Morgen brauchen wir zu Hause viel Strom, weil ________________

____

Schritt 3: Notiere deine W-Fragen an das Diagramm.

____

____

____

Schritt 4: Lies alle Angaben zu dem Diagramm.
Schreibe auf, um welchen Sachverhalt es genau geht.

In dem Diagramm wird der Stromverbrauch von drei ________________

____

Schritt 5: **In dem Kurvendiagramm wird der Stromverbrauch von zwei Haushalten und einer Schule verglichen. Schreibe je zwei Einzelinformationen zu Haushalt A, Haushalt B und der Schule S auf.**

Im Haushalt A steigt der Stromverbrauch gegen sechs Uhr morgens an.

Im Haushalt A ______________________________

Im Haushalt B ______________________________

Im Haushalt B ______________________________

In der Schule S ______________________________

In der Schule S ______________________________

Schritt 6: **Welche Gesamtaussagen kannst du anhand des Diagramms zum Sachverhalt machen? Formuliere mindestens acht Aussagen zum Stromverbrauch der drei Verbraucher.**

____

____

____

____

____

- In dem Diagramm werden drei Stromverbraucher verglichen. Hast du eine Erklärung für den unterschiedlichen Verlauf ihres Stromverbrauchs am Tag?
Schreibe deine Erklärung auf.

____

____

- Schreibe die Auswertung in dein Heft.

TIPP

Denke daran im Schlussabschnitt deine eigenen Gedanken zum Thema aufzuschreiben.

Check

Folgende Grafik setzt sich aus zwei Diagrammen zusammen. Sie enthält ein Kurvendiagramm und ein Säulendiagramm. Werte die Diagramme aus.

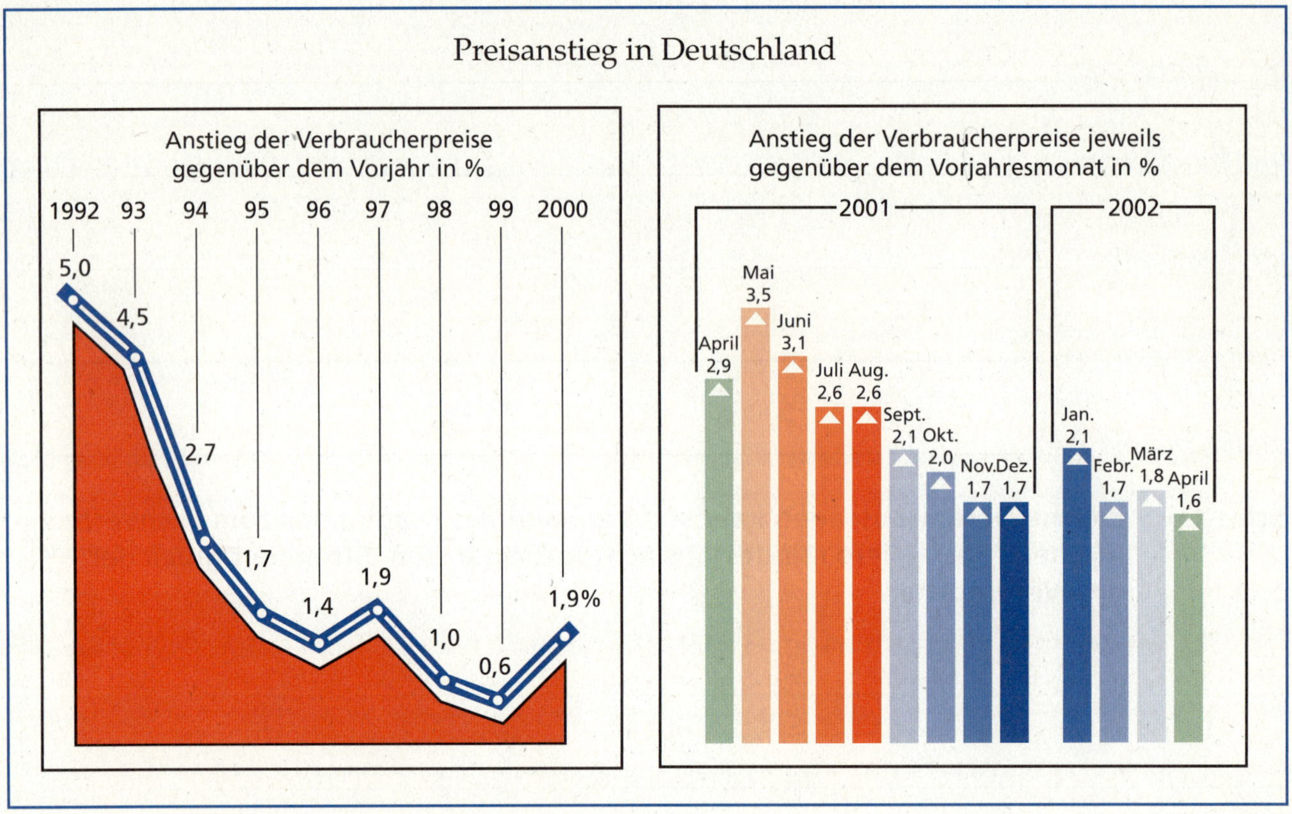

■ Schreibe das Thema der beiden Diagramme auf.

Schreibe auf, welcher Zeitraum im Kurvendiagramm links verglichen wird.

Schreibe auf, welcher Zeitraum im Säulendiagramm rechts verglichen wird.

■ Entscheide dich für ein Diagramm und schreibe die Informationen zur Auswertung in sechs Schritten auf.
■ Schreibe anschließend eine ausführliche Auswertung in dein Heft.

■ Überprüfe, ob du das Diagramm in sechs Schritten richtig erschlossen hast.

Checkliste

	+	−
Hast du zunächst das Thema des Diagramms aufgeschrieben?	☐	☐
Hast du notiert, was du schon alles zum Thema wusstest?	☐	☐
Hast du eigene Fragen an das Diagramm formuliert?	☐	☐
Hast du den dargestellten Sachverhalt zusammengefasst?	☐	☐
Hast du zunächst Einzelinformationen notiert?	☐	☐
Hast du anschließend Gesamtaussagen notiert?	☐	☐
Hast du überprüft, auf welche deiner eigenen Fragen im Diagramm eine Antwort ablesbar war?	☐	☐
Hast du die Auswertung in dein Heft geschrieben?	☐	☐
Hast du in deine Auswertung alle vorher gesammelten Informationen aufgenommen?	☐	☐
Hast du in einem Schlussabschnitt eigene Gedanken zum Thema aufgeschrieben?	☐	☐

6 Einen Text inhaltlich überarbeiten

In diesem Kapitel lernst du:

wie du deine Texte inhaltlich überarbeiten kannst, indem du

- **durch W-Fragen feststellst, ob noch wichtige Informationen fehlen,**
- **fehlende Informationen hinzufügst, um deinen Text genauer zu machen,**
- **feststellst, ob der Text überflüssige Informationen enthält, die du dann wegstreichen kannst.**

Im Hauswirtschaftsunterricht sollen Kekse hergestellt werden. Marco hat folgendes Rezept aufgeschrieben.

Kekse

***Zutaten:** 125 g Zucker, 65 g Butter, Eier, Vanillezucker, 1 Prise Natron, 250 g Mehl, 125 g Stärkemehl*

Zucker und Butter schaumig rühren. Eier nach und nach zugeben. Vanillezucker und Natron zugeben und gut cremig rühren. Mehl unterkneten, eine Stunde ruhen lassen. Muster machen und in drei mal vier cm große Stücke schneiden. Bei 180 Grad backen.

Marcos Mitschüler haben noch eine Menge Fragen zu seinem Text. Hier sind Marcos Antworten.

Nach dem Rezept kann man die Kekse doch nicht backen …

Man benötigt fünf Eier und ein Päckchen Vanillezucker.

Die Eier müssen nach und nach zugegeben werden, nachdem der Zucker und die Butter schaumig gerührt worden sind.

Das Muster kannst du gut mit einer Kartoffelreibe aufdrücken.

Das Stärkemehl wird zusammen mit dem Mehl untergeknetet.

Nachdem der Teig eine Stunde gelegen hat, muss er etwa messerdick ausgerollt werden.

Der Teig muss etwa 12 Minuten im Ofen bleiben.

1 Lies die Antworten Marcos. Formuliere die sechs Fragen seiner Mitschüler als W-Fragen.

Wie viele ______________________________

____

____

____

____

____

2 In Marcos Rezept müssen noch einige Textstellen durch zusätzliche Informationen ergänzt werden. Markiere diese Textstellen.
Das Korrekturzeichen kennst du schon: ⌐

3 Überarbeite Marcos Text. Ergänze dabei die fehlenden Informationen.

____

____

____

____

____

____

____

____

____

____

4 Überprüfe deinen Text noch einmal. Unterstreiche alle Informationen, die du ergänzt hast.

Im Geschichtsunterricht einer 8. Klasse wird über das Leben und die Vertreibung der Indianer um 1830 gesprochen. Peter, Svenja und Antonio haben gemeinsam folgende Aufgabenstellung aus dem Geschichtsbuch bearbeitet.

Erläutere, welche Folgen der Weg in die Reservation für das Leben der Indianer hatte.

Hier ist ihre Ausarbeitung:

Über das Leben der Indianer

1830 wurde vom amerikanischen Präsidenten das „Gesetz über die Umsiedlung der Indianer“ unterzeichnet. In den folgenden Jahren wurden die Indianer gezwungen ihre Wohngebiete, in denen sie wohnten, zu verlassen und in Reservationen angesiedelt. Der schlimmste Zwangsmarsch hieß „Pfad der Tränen“.
Die Amerikaner hatten sich verpflichtet, für die umgesiedelten Indianer in den Reservationen zu sorgen. Doch die meisten führten ein kümmerliches Leben. Viele der Indianer verfielen dem Alkohol.
Noch heute führen viele der Indianer in den Reservaten ein sehr ärmliches Leben und es herrscht eine hohe Arbeitslosigkeit dort. Sie sind sehr arm.

Bei der Besprechung der Arbeitsergebnisse geht es zunächst um zwei Fragen: Ist der Inhalt der Ausarbeitung gut verständlich?
Müssen noch Informationen ergänzt werden, damit er verständlicher wird?

Hier sind einige der Diskussionsbeiträge:

Die Indianer waren doch in den Reservationen sicher geschützt. Da hätten sie sich doch etwas Neues aufbauen können. Könnt ihr dazu etwas sagen?

Ich wüsste gerne noch, wieso die Regierung ihre Fürsorgepflicht verletzte.

Ich verstehe gar nicht, wen die Indianer in ihren alten Wohngebieten gestört haben sollen. Außerdem waren die Indianer ja wohl zuerst da.

Ich kann nicht verstehen, dass es den Indianern in den Reservationen schlecht ging. Ihr habt doch geschrieben, dass die Regierung sich verpflichtet hatte, für die Indianer zu sorgen.

Den Ausdruck „Pfad der Tränen“ verstehe ich nicht.

5 Lies die Diskussionsbeiträge. Formuliere sie zu W-Fragen um.

Warum ging es den Indianern ______________________

Wieso ______________________

____

____

____

____

____

6 Notiere weitere W-Fragen zu der Ausarbeitung.

____

____

____

7 Markiere in der Ausarbeitung die Textstellen, auf die sich die Fragen beziehen.
Benutze das Korrekturzeichen: ⌈

8 Lies den Schulbuchtext auf Seite 52.
- Markiere alle Textstellen, welche dir Antwort auf die Fragen aus Aufgabe 5 und 6 geben.
- Schreibe die Antworten auf. Falls du in dem Schulbuchtext eine Information nicht findest, schlage in einem Lexikon nach oder suche im Internet.

____

____

____

____

____

Der Weg in die Reservation

Als die Indianer den weißen Siedlern immer häufiger im Wege waren, suchte die amerikanische Regierung nach einer Lösung für das „Indianerproblem". 1830 unterzeichnete der Präsident das „Gesetz über die Umsiedlung der Indianer". Für Tausende von ihnen bedeutete das die Vertreibung aus ihrer Heimat. Die Regierung ließ so genannte Reservationen anlegen, in denen sich die Indianer anzusiedeln hatten. Meist waren das wenig fruchtbare und für die Jagd ungeeignete Gebiete.
Unter Einsatz von Soldaten wurden die indianischen Ureinwohner gezwungen, ihr bisheriges Siedlungsgebiet zu verlassen. Es hat viele solcher Zwangsmärsche gegeben. Der bekannteste ist der Cherokee (sprich: scherokii). Er führte mehr als 1000 km durch Wälder, Sümpfe und Flüsse und wird auch als der „Pfad der Tränen" bezeichnet.

Ein trostloses Leben

Als Gegenleistung für die Umsiedlung verpflichtete sich die amerikanische Regierung, die Indianer in den Reservationen zu versorgen. Doch die meisten führten ein kümmerliches Leben. Noch heute lebt ein großer Teil der indianischen Bevölkerung der USA in Reservationen. Dort herrscht bis zu 80 Prozent Arbeitslosigkeit, die Gesundheitsfürsorge ist mangelhaft und die Säuglingssterblichkeit doppelt so hoch wie bei den Weißen. Nicht wenige suchen Trost im Alkohol. Den hatten ihnen die Weißen gebracht. Als ihn die Indianer tranken, wurden sie als trunksüchtig und haltlos beschimpft.

Indianerjungen (M2). Links in Indianerkleidung, rechts in Schuluniformen. In den Augen der Weißen waren Indianer minderwertige Menschen. Deshalb sollten sie so werden wie die Weißen. So wurden Schulen gegründet, in die Indianerkinder gingen, die ihren Eltern weggenommen wurden. Ihnen wurden die Haare abgeschnitten, sie durften nicht mehr ihre Sprache sprechen und sollten ihre Religion vergessen. Wer sich nicht fügte, wurde geschlagen oder bekam nichts zu essen.

Heutige Reservation (M3). Elendsunterkünfte, in denen viele Kinder nicht einmal ein eigenes Bett haben, sind keine Ausnahme.

Hier ist noch einmal Peters Ausarbeitung:

1830 wurde vom amerikanischen Präsidenten das „Gesetz über die Umsiedelung der Indianer“ unterzeichnet. In den folgenden Jahren wurden die Indianer gezwungen ihre Wohngebiete, in denen sie wohnten, zu verlassen und in Reservationen angesiedelt. Der schlimmste Zwangsmarsch hieß „Pfad der Tränen“.
Die Amerikaner hatten sich verpflichtet, für die umgesiedelten Indianer in den Reservationen zu sorgen. Doch die meisten führten ein kümmerliches Leben. Viele der Indianer verfielen dem Alkohol.
Noch heute führen viele der Indianer in den Reservaten ein sehr ärmliches Leben und es herrscht eine hohe Arbeitslosigkeit dort. Sie sind sehr arm.

9 Markiere in der Ausarbeitung die Textstellen, an denen Informationen fehlen.
- Zwei Informationen sind doppelt. Streiche sie durch.
- Schreibe deine Überarbeitung des Textes auf.

Check

Nana hat folgendes Rezept mitgebracht. Überarbeite den Text.

Kartoffelsalat griechischer Art

Zutaten für 4 Personen: *500 g Kartoffeln, 2 Fleischtomaten, 2 Eier, 1 Zwiebel, 200 g Schafskäse, 2 EL Rotweinessig, 4 EL Olivenöl, 1 TL Senf, 1 Prise Salz, 1 Prise Pfeffer, 100 g Oliven (schwarz), 1 Glas Sardellenfilets, 1 Zweig Basilikum, 1 Bund Petersilie*

Zubereitung: *Die Kartoffeln mit der Schale kochen, dann abkühlen lassen, pellen und in Scheiben schneiden. Tomaten und Eier klein schneiden, geschälte Zwiebel in Ringe und Schafskäse in Würfel schneiden. Den Rotweinessig, das Olivenöl und den Senf verrühren. Gehackte Oliven und klein geschnittene Sardellenfilets zugeben. Basilikum und Petersilie fein hacken, zugeben und die Soße gut verrühren. Dazu frisches Baguette reichen.*

- Das Rezept ist noch sehr ungenau. Markiere die Stellen, wo du Informationen für die Zubereitung des Kartoffelsalates vermisst.
- Formuliere mindestens fünf W-Fragen an Nana, um die gewünschten Informationen zu erhalten.

- Auf Seite 55 findest du das vollständige Rezept. Suche dort die Antworten auf deine W-Fragen und schreibe sie auf.

TIPP

Prüfe auch, ob alle Zutaten bei der Zubereitung erwähnt werden.

■ Überarbeite Nanas Text und schreibe ihn auf.

__Zubereitung:__ Kartoffeln mit der Schale 20 Minuten kochen, abkühlen lassen, pellen und in Scheiben schneiden. Tomaten achteln, hart gekochte Eier klein schneiden, geschälte Zwiebel in Ringe und Schafskäse in Würfel schneiden. Für das Dressing den Rotweinessig, das Olivenöl und den Senf verrühren. Mit Salz und Pfeffer würzen. Gehackte Oliven und klein geschnittene Sardellenfilets zugeben. Basilikum und Petersilie fein hacken, zugeben und die Soße gut verrühren. Die Marinade über die Salatzutaten geben und alles gut miteinander vermischen. Dazu frisches Baguette reichen.

■ Überprüfe mit Hilfe der Checkliste, ob du bei der inhaltlichen Textüberarbeitung richtig vorgegangen bist.

Checkliste	+	–
Hast du als Erstes den Text aufmerksam gelesen?	☐	☐
Hast du dir dabei schon Stellen angestrichen, wo Informationen unklar sind oder fehlen?	☐	☐
Hast du mindestens fünf W-Fragen formuliert?	☐	☐
Hast du die Antworten zu den W-Fragen gefunden und aufgeschrieben?	☐	☐
Hast du im Text die Stellen markiert, an denen du die Informationen einbauen möchtest, damit er verständlicher wird?	☐	☐
Hast du die Informationen in deine Überarbeitung des Textes aufgenommen?	☐	☐
Hast du deinen neuen Text noch einmal gelesen und überprüft?	☐	☐

7 Einen Text sprachlich überarbeiten

In diesem Kapitel lernst du:

eine Methode kennen und anwenden, die dir dabei hilft,
- **deine Texte zu prüfen und**
- **die Stellen zu finden, die du sprachlich noch einmal überarbeiten solltest.**

Diese Methode heißt Textlupe.

Mit Hilfe von Proben einen Text überarbeiten

Du kennst bereits die folgenden Proben, welche dir helfen, Textstellen sprachlich zu überarbeiten.

> Die **Ersatzprobe** wendest du an, wenn du Wörter oder Textteile durch andere Ausdrücke ersetzen willst, die besser passen.
> **! A**

> Die **Umstellprobe** wendest du an, wenn du Satzteile oder Wortgruppen verschieben willst, um abwechslungsreicher zu formulieren.
> **! B**

1 Lies die Überarbeitungen der zwei Sätze und ordne sie jeweils den beiden Proben zu.

Die Frau ging ins Kaufhaus, um noch Besorgungen zu machen.

Der Autofahrer hielt am Zebrastreifen an, weil dort jemand stand.

Die Frau ~~(ging)~~ eilte ins Kaufhaus, um noch ~~(Besorgungen zu machen)~~ Lebensmittel einzukaufen. ◯

Um noch Besorgungen zu machen, ging die Frau ins Kaufhaus. ◯

Weil am Zebrastreifen jemand stand, hielt der Autofahrer an. ◯

Der Autofahrer ~~(hielt)~~ bremste am Zebrastreifen ~~(an)~~, weil dort ~~(jemand)~~ ein Kind stand. ◯

Mit Hilfe der Textlupe Textstellen finden, die überarbeitet werden sollten

Um deine Texte mit Hilfe der Textlupe zu überarbeiten, gehst du am besten in vier Schritten vor:

Schritt 1: **Du entscheidest dich zunächst für ein Textmerkmal, das mit der Textlupe näher betrachtet werden soll, z. B. die Satzanfänge.**

Schritt 2: **Dann umkreist du die Textstellen, für deren Überprüfung du dich entschieden hast, z. B. alle Satzanfänge in deinem Text.**

Schritt 3: **Nachdem du die Textstellen markiert hast, überprüfst du, ob hier Überarbeitungen nötig sind.**

Schritt 4: **Nun veränderst du die Textstellen, welche dir aufgefallen sind. Dabei helfen dir die beiden Proben.**

1. entscheiden !
2. umkreisen
3. überprüfen
4. verändern

Dann kam meine Freundin. Dann gingen wir auf mein Zimmer. Dann hörten wir Musik und spielten Karten. Das war ein schöner Nachmittag.

Dann kam meine Freundin. Sofort gingen wir auf mein Zimmer. Dort hörten wir Musik und spielten Karten. Das war ein schöner Nachmittag.

Hier ist ein Textausschnitt, den Sven und Ilja gemeinsam überarbeiten wollen. Sie haben sich entschieden, die Textlupe zunächst auf die Satzanfänge zu legen und zu prüfen, ob diese abwechslungsreich formuliert sind. Zuerst haben sie alle Satzanfänge umkreist.

Bastelanleitung für ein Freundschaftsband
Ich stelle zunächst zehn Fäden mit unterschiedlichen Farben zusammen.
Dann lege ich die Fäden zusammen. Dann mache ich am oberen Ende einen Knoten.
Dann befestige ich die Fäden mit einer Sicherheitsnadel an meinem Hosenbein …

2 Überprüfe, welche Satzanfänge du ändern solltest, damit sie abwechslungsreicher klingen. Notiere deine Vorschläge.

TIPP
Wende die Ersatzprobe an.

Sven und Ilja haben mit Hilfe der Ersatzprobe die Konjunktion „dann" an zwei Stellen ausgetauscht:

Bastelanleitung für ein Freundschaftsband
Ich stelle zunächst zehn Fäden mit unterschiedlichen Farben zusammen. Dann lege ich die Fäden zusammen. ***Nun*** *mache ich am oberen Ende einen Knoten.* ***Anschließend*** *befestige ich die Fäden mit einer Sicherheitsnadel an meinem Hosenbein …*

Der Text sagt ihnen noch nicht zu, und sie überlegen, wie sie ihn weiter überarbeiten können.

Schritt 1: **Sie entschließen sich, die Satzanfänge noch einmal unter die Lupe zu nehmen. Diesmal wollen sie nicht nur das erste Wort untersuchen, sondern die Stellung der Satzglieder am Satzanfang.**

Schritt 2: **Zuerst umkreisen sie wieder:**

Bastelanleitung für ein Freundschaftsband
Ich stelle zunächst zehn Fäden mit unterschiedlichen Farben zusammen. Dann lege ich die Fäden zusammen. ***Nun*** *mache ich am oberen Ende einen Knoten.* ***Anschließend*** *befestige ich die Fäden mit einer Sicherheitsnadel an meinem Hosenbein …*

Schritt 3: **Sie stellen fest, dass die Satzanfänge noch weiter verbessert werden können.**

Schritt 4: **Nun entscheiden sie sich dafür, auch noch die Umstellprobe anzuwenden und die Satzanfänge noch einmal zu überarbeiten.**

3 Überarbeite die Satzanfänge.

TIPP
Wende die Umstellprobe an.

Bastelanleitung für ein Freundschaftsband
Zunächst stelle ich zehn Fäden mit unterschiedlichen Farben zusammen.

Mit der Textlupe kannst du unterschiedliche Textmerkmale überprüfen. Bei jedem Prüfvorgang solltest du jedoch nur ein Textmerkmal unter die Lupe nehmen.

Einige Beispiele für wichtige Textmerkmale:

- Die Zeitform soll in einem Text beibehalten werden.
- Die Satzanfänge sollen abwechslungsreich sein.
- Wortwiederholungen sollen in einem Satz vermieden werden.
- Die wörtliche Rede muss kenntlich gemacht werden.
- Die Satzverknüpfungen sollen abwechslungsreich sein.
- Der Satz soll treffende Adjektive enthalten, damit die Leserin/der Leser sich alles genau vorstellen kann.
- Der Gebrauch der Verben soll in einem Text abwechslungsreich und treffend sein.

4 Überprüfe im folgenden Text, ob die Zeitform „Präteritum" eingehalten wurde.

- Wende dabei die Textlupe an und gehe in vier Schritten vor.
- Notiere deine Korrekturvorschläge am Rand.

Die Zeitform in einem Text beibehalten

TIPP
Wende die Ersatzprobe an.

Als wir an das alte Haus kamen, bleibt Peter plötzlich stehen. „Halt!", flüsterte er. In dem Moment hörte ich auch ein merkwürdiges Geräusch im Inneren des Hauses. Ich halte den Atem an, und wir schleichen an das fast verfallene Eingangstor. Was war das? Es hörte sich an, wie die Töne eines Funkgerätes. Doch das kann nicht sein, denn hier wohnte seit Jahren schon keiner mehr …

5 Schreibe den überarbeiteten Text auf.

6 Das Gedicht „Gehen – laufen – springen" enthält 32 Verben, mit denen man ausdrücken kann, wie jemand geht. Ordne die Verben in die Tabelle ein.

Gehen – laufen – springen

Ich gehe – ich eile – ich laufe – ich springe
ich renne – ich rase – ich sause – ich schwinge
ich flitze – ich wandre – ich schlendre – ich schreite
ich hüpfe – ich hopse – ich tänzle – ich gleite
ich stelze – ich taumle – ich torkle – ich schleiche
ich stampfe – ich tripple – ich hinke – ich weiche
ich humple – ich schlurfe – ich bummle – ich schwanke
ich husche – ich trotte – ich trödle – ich wanke

Rosemarie Künzler-Behncke

Abwechslungsreicher und treffender Gebrauch von Verben!

So kann man „gehen":

schnell gehen	langsam gehen	auf besondere Art gehen
eilen laufen		

7 Notiere die Verben, welche du nicht zuordnen konntest.

8 Überprüfe im folgenden Text mit Hilfe der Textlupe, ob die Verben abwechslungsreich und treffend benutzt werden.
- Kreise zunächst alle Prädikate ein.
- Prüfe nun, ob die Verben abwechslungsreich und treffend benutzt werden.
- Erarbeite neue Formulierungsvorschläge.
  Verwende Verben aus der Tabelle auf Seite 60.
- Schreibe deine Verbesserungsvorschläge zunächst auf den Rand.

TIPP

Wende die Ersatzprobe an.

Nach der Arbeit ***ging*** *meine Schwester noch ins Kaufhaus. Dort* ***ging*** *sie zunächst in die Kosmetikabteilung. Sie ging anschließend zur Schmucktruhe und betrachtete sich die teuren Schmuckstücke. Dann ging sie langsam zur Lebensmittelabteilung, um noch einige wichtige Besorgungen zu machen. Nachdem sie bezahlt hatte, ging sie schnell zum Ausgang, weil sie nicht so spät nach Hause kommen wollte.*
Aber dann traf sie ihre Kollegin, die auch noch unterwegs war. Die beiden beschlossen gemeinsam, noch einen Kaffee trinken zu gehen und noch eine halbe Stunde zu plaudern.
Also machten sie sich gemeinsam auf den Weg und gingen in ein gemütliches Café gegenüber dem Kaufhaus.

9 Schreibe den überarbeiteten Text auf.

Für folgenden Text sind zwei Textmerkmale vorgegeben, also zwei Prüfvorgänge erforderlich.

Abwechslungsreiche Satzanfänge!

Abwechslungsreicher und treffender Gebrauch der Verben!

10 Überprüfe die Satzanfänge und erarbeite Korrekturvorschläge.

11 Überprüfe nun den Gebrauch der Verben und erarbeite Korrekturvorschläge.

Rezept für Kekse

Zuerst muss man alle Zutaten mischen. Dann muss man sie zu einem festen Teig verkneten. Dann muss man den Plätzchenteig kühl und zugedeckt eine Weile liegen lassen.
Danach muss man ein Holzbrett mit Mehl bestäuben und den Teig mit einer mehlbestaubten Teigrolle dünn ausrollen. Dann kann man beliebige Formen ausstechen (Sterne, Vierecke, Kreise). Nun muss man die Formen auf ein Backblech legen, das mit Backpapier ausgelegt ist.
Nun werden die Plätzchen im vorgeheizten Backofen bei 180°C etwa 12–15 Minuten gebacken.
Dann können die fertigen Kekse noch mit Schokoladenglasur bestrichen werden.

Ersatzprobe! Und schon klingt es abwechslungsreicher.

12 Schreibe den überarbeiteten Text von Seite 62 auf. Arbeite dabei die Korrekturvorschläge aus beiden Prüfvorgängen ein.

____

____

____

____

____

____

13 Lege die Textlupe in dem Briefanfang auf die Satzverknüpfungen und überarbeite den Text. Notiere den überarbeiteten Text unten.

Die Sätze abwechslungsreich verknüpfen!

Liebe Swetlana,

morgen werden wir meinen Geburtstag feiern. Wir haben uns zwei Tage lang auf die Feier vorbereitet, damit auch alles klappt. Mutter hat fast einen Großeinkauf gemacht, damit wir alles Notwendige zur Hand hatten. Vater hat eben noch mein Zimmer fast leer geräumt, damit wir morgen auch genügend Platz haben. Peter hat mir seine Anlage geliehen, damit wir Musik hören können.

Wir wollen nämlich Musik hören und auch etwas tanzen. Es ist schade, dass du mit deinen Eltern im Urlaub bist und nicht dabei sein kannst. …

TIPP

Wende sowohl die Ersatzprobe als auch die Umstellprobe an, wenn du die Lupenstellen überprüfst.

____

____

____

____

Check

- Überarbeite folgende Versuchsbeschreibung sprachlich. Wende dabei die Methode der Textlupe an.
  Entscheide dich für die Überprüfung von mindestens zwei der folgenden Textmerkmale. Markiere die beiden Textmerkmale, die du überprüfen möchtest.
- Schreibe den überarbeiteten Text in dein Heft.

Satzanfänge ◯ abwechslungsreiche Verben ◯ Zeitform ◯

Versuch mit der Kerzenflamme

Wir benötigten für unser Experiment ein Teelicht, Streichhölzer und ein tieferes Glas. Wir benötigten das tiefere Glas, um das brennende Teelicht hineinzustellen. Das Glas soll die Flamme des Teelichts vor Zugluft schützen.
Dann schwenkten wir das Glas mit der Kerze hin und her. Dann bemerken wir, dass sich die Kerzenflamme beim Schwenken des Glases zur einen oder zur anderen Seite neigte. Wir hatten erwartet, dass die Flamme dabei zurückbleibt. Wir stellten fest, dass sie das nicht tat. Die Flamme eilte der Bewegung voraus.

- Überprüfe mit Hilfe der Checkliste, ob du bei der sprachlichen Überarbeitung die Proben und die Methode der Textlupe richtig angewendet hast.

Checkliste

	+	–
Hast du dich zunächst für ein Textmerkmal entschieden?	☐	☐
Hast du den Text unter diesem Gesichtspunkt gelesen und die Textstellen umkreist?	☐	☐
Hast du Korrekturvorschläge am Rand gemacht?	☐	☐
Hast du in einem zweiten Durchgang das zweite Textmerkmal überprüft?	☐	☐
Hast du dir auch hierfür Korrekturen an den Rand geschrieben?	☐	☐
Hast du den überarbeiteten Text aufgeschrieben?	☐	☐
Hast du den überarbeiteten Text noch einmal geprüft?	☐	☐